Schritt für Schritt zum
# Zeichnen

# Karl-Heinz Morscheck

## Schritt für Schritt zum
# Zeichnen

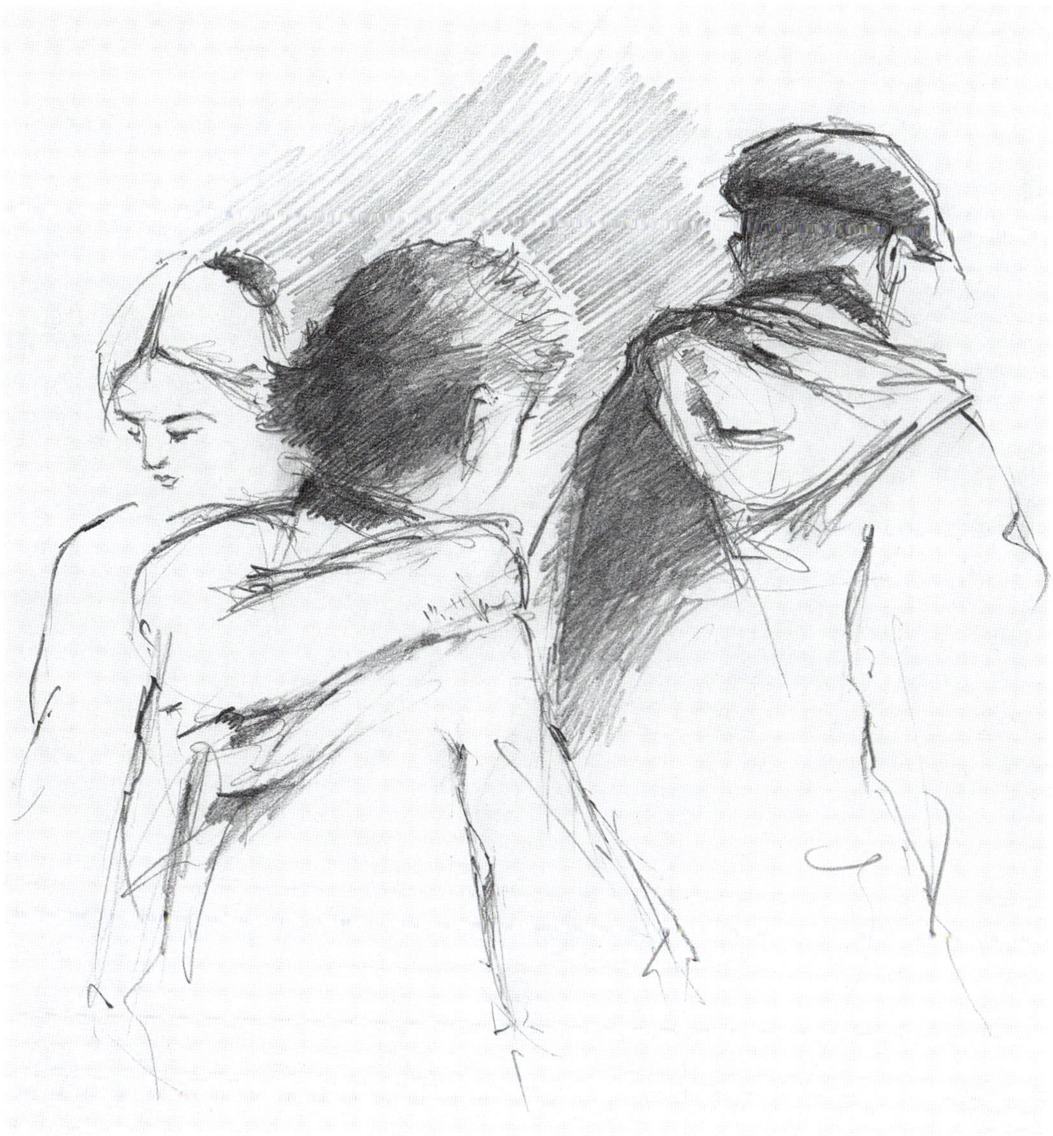

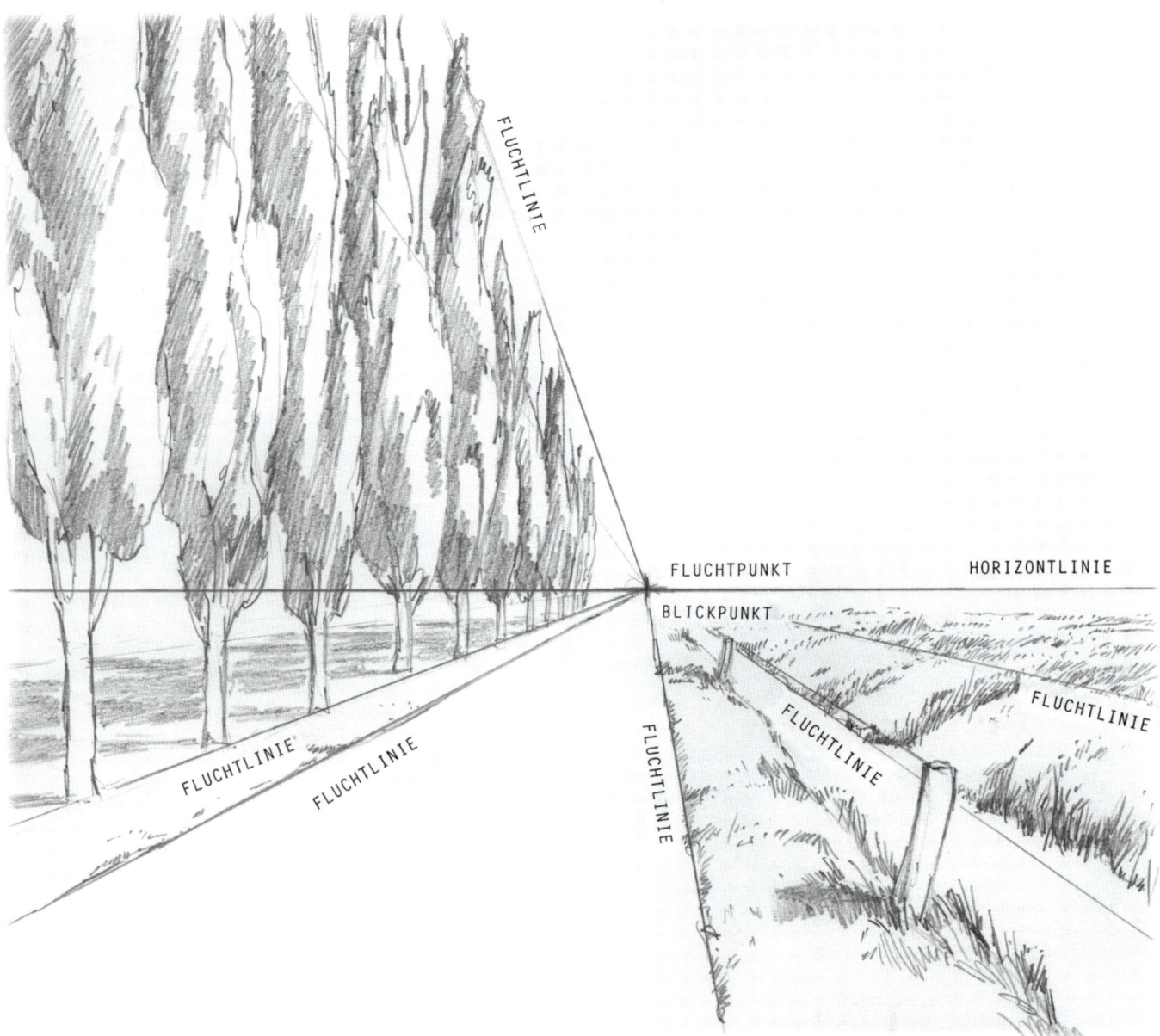

Die Deutsche Bibliothek – CIP-Einheitsaufnahme
**Schritt für Schritt zum Zeichnen** / Karl-Heinz Morscheck. –
Wiesbaden: Englisch, 2002
ISBN 3-8241-1186-1

© by Englisch Verlag GmbH, Wiesbaden 2002
ISBN 3-8241-1186-1
Fotos: Frank Schuppelius
Herstellung: Michael Feuerer
Printed in Spain

**Karl-Heinz Morscheck** studierte von 1972–78 an der Hochschule
für bildende Kunst in Hamburg. Seit seinem Abschluss ist er als
freischaffender Künstler tätig und unterrichtet privat und an
Volkshochschulen. U. A. fanden Ausstellungen seiner Werke 1985
in Basel und 1991 in Göteborg zum Thema Landschaften statt.
Beim Englisch Verlag erscheinen seit 1990 regelmäßig Anleitungen
zur Malerei von ihm.

# Inhaltsverzeichnis

# *Vorwort*

Dieses Buch versucht allen, die gerne zeichnen lernen möchten, Anregungen und Hilfe zu sein. Es wendet sich damit nicht nur an Anfänger, sondern auch an solche, die schon etwas Übung und Erfahrung im Zeichnen haben. Das Buch stellt die wichtigsten zeichnerischen Materialien vor und erläutert mögliche Anwendungen in vielen Bildbeispielen.

Für die Wirkung einer Zeichnung ist unter anderem die räumliche Darstellung entscheidend. Darum soll hier neben den Materialien und Techniken ein wesentlicher Schwerpunkt auf der Perspektive liegen. Räumliche Wirkungen lassen sich auf recht unterschiedliche Weise erreichen. Farben, die Kontraste und das Mittel der Überschneidung lassen sich zu diesem Zweck nutzen. Zielt man aber auf eine Raumwirkung ab, die der visuellen Realität näher kommen soll, wird man auf die Hilfe der Perspektive nicht verzichten können. In diesem Buch geht es nicht primär um die Theorie, sondern mehr um praktische Anschauung. Dieses Buch will die perspektivischen Grundsätze vorstellen, die am häufigsten beim Zeichnen und auch in der Malerei verwendet werden. So beginnen wir zunächst mit notwendigen Begriffen, deren Zusammenhang bildlich und theoretisch erläutert wird. Das Hauptgewicht liegt aber in der praktischen Anwendung der vorgestellten Regeln. In entsprechenden Bildbeispielen wird gezeigt, wie man ein Motiv perspektivisch richtig erfasst, um dadurch zum gewünschten Resultat zu kommen. Die Hilfe der Perspektive gehört also ins Stadium der Vorarbeit, bevor das eigentliche Zeichnen beginnt.

Die Sicherheit in den hier vorgestellten Bereichen des Zeichnens wird sich erst im Verlauf der zeichnerischen Übung einstellen, die auch das Sehen schärft. Denn Zeichnen lernen heißt Sehen lernen! Das Gefühl für die verschiedenen Materialien und die Fertigkeit, damit umzugehen, setzen viele Übungen voraus. Dabei ist nicht wichtig, dass jedes Bild gelingt. Auch der „Meister" hat einen großen Papierkorb! Aber mit Lust am Zeichnen und Neugier an dem, was sich auf dem Papier langsam entwickelt, werden sich bald sehr schöne Erfolge einstellen.

Ich wünsche Ihnen viel Spaß, ein offenes Auge und eine leichte Hand!

*Karl-Heinz Morscheck*

# Das Material und Grundsätzliches

## Bleistifte

Bleistifte sind sicherlich das gebräuchlichste Zeichenmittel und entsprechen in vielfältigen Ausführungen den unterschiedlichsten Anforderungen. Die Bezeichnung Bleistift ist irreführend und lässt sich eher historisch erklären. Blei war tatsächlich auch ein frühes Zeichenmittel und wurde in der Antike oft verwendet, jedoch sehr sparsam für Vorzeichnungen mit wenigen Linien. Im Mittelalter kannte man dünne Bleidrähte, die eine Holzummantelung erhielten, um nicht so leicht abzubrechen. Dieses Material entsprach in der Form etwa den heutigen Bleistiften. Als Zeichenmittel waren sie jedoch nicht besonders effektiv und es war wegen des Bleistaubes gefährlich, mit ihnen zu arbeiten. Graphit, der Grundstoff unserer heutigen Bleistifte, war ebenfalls schon früh bekannt, konnte sich im Rohzustand aber nicht durchsetzen. 1795 entwickelte der französische Erfinder Jaques Louis Conté ein Verfahren zur Herstellung von Graphitstiften und verhalf damit diesem Material zum Durchbruch. Bei der Herstellung wurde Rohgraphit fein zermahlen, gereinigt und mit einem Zusatz von geschlämmtem Ton versehen. Je nach Zusatz konnten so unterschiedliche Härtegrade erreicht werden.

Es gibt heute etwa 20 verschiedene Härtegrade, die in unterschiedlicher Form angeboten werden. Sie entsprechen den diversen Verwendungsarten.

Die härteren Sorten H bis 10 H erlauben einen feinen und exakten Strich, die weicheren, von B bis 8 B können leicht verwischt werden und lassen somit malerische Effekte zu. Die Zwischenstärken HB, F und B werden am häufigsten verwendet, weder zu hart noch zu weich erfüllen sie die gängigsten Anforderungen.

Bleistifte sind ein universales Zeichenmaterial, das sowohl für Anfänger als auch für Fortgeschrittene, für die einfachste Skizze bis hin zur komplizierten Zeichnung geeignet ist.

Um Bleistiftzeichnungen der unterschiedlichsten Art anfertigen zu können, empfiehlt sich ein Sortiment von 2 H bis 6 B, wobei Sie nicht sämtliche Zwischengrade benötigen. Zur Korrektur von Zeichnungen mit weichen Stiften eignet sich ein Knetgummi, bei härteren Bleistiften kann ein Radiergummi verwendet werden. Je größer der Härtegrad des Stiftes ist, desto härter muss auch die Konsistenz des Korrekturmittels sein.

Alle Bleistiftzeichnungen, besonders die mit weichem Graphit, sollten nach Beenden mit einem Fixativspray fixiert werden. So vermeiden Sie unerwünschte Verwischungen, die sich kaum mehr korrigieren lassen.

Als Papier können Sie jede Art verwenden, meist genügt ein Skizzenblock von durchschnittlicher Qualität. Aber auch lose Papiere verschiedener Größe leisten gute Dienste. Wenn Sie sehr weiche Stifte zum Zeichnen bevorzugen, werden Sie größere Formate benötigen, um die Ausdrucksmöglichkeiten zur Geltung zu bringen. Bei härteren Stiften können Sie sich mit kleineren Größen begnügen.

## Zeichenkohle und schwarze Kreiden

Zeichenkohle und Kreiden zählen im Gegensatz zu den Bleistiften zu den breitzeichnenden Materialien. Feine und dünne Linien sind mit ihnen schwer zu erzielen, ihre Wirkung ist eine eher malerische. So lassen sich äußerst feine und ganz schwarze Schattierungen gleichermaßen herstellen. Die Technik des Verwischens kommt dabei zur vollen Entfaltung. Schraffurtechniken spielen eine eher untergeordnete Rolle, da sie nur durch das Übereinander sehr feiner Linien wirken.

Verkohltes Holz ist eines der ältesten Zeichenmaterialien, das schon in antiker Zeit verwendet wurde. Heute ist Zeichenkohle in unterschiedlichen Ausführungen im Handel erhältlich. Der weichen Kohle, die es mit verschiedenen Durchmessern gibt, sieht man die Herkunft aus kleinen, entrindeten Zweigen noch an. Härtere Stücke werden aus Spänen hergestellt. Sie sind viereckig oder rund und manchmal mit Holz ummantelt. Sibirische Reisskohle ist eine Retortenkohle. Ihre Konsistenz ist fester und man zeichnet mit ihr tiefschwarz. Alle beschriebenen Sorten müssen beim Spitzen sehr vorsichtig behandelt werden, da sie leicht brechen. Stifte aus Fettkohle (Kohle mit Ölzusatz) brechen nicht so leicht, jedoch lassen sie sich auch weniger gut radieren. Kohle lässt sich am leichtesten mit einem Knetgummi aufhellen oder entfernen, indem der Abrieb des Zeichenmaterials in diesen Radiergummi aufgenommen wird. Weiche Zeichenkohle erlaubt besonders subtile Verwischtechniken. Präzise und kräftige Linien er hält man mit den Kanten der Kohlestückchen. Die Bezeichnung Schwarze Kreide ist im Grunde irreführend, da dies Material mit Kreide, wie sie in der Natur vorkommt, nichts gemein hat. Schwarze Kreide besteht aus Ruß oder anderen schwarzen Pigmenten, die zusammen mit Bindemitteln in Stäbchenform gepresst werden. Das ergibt ein sehr kräftiges Zeichenmittel, mit dem sich ausdrucksstark arbeiten lässt. Schwarze Kreide lässt sich kaum radieren, folglich sollte eine kompliziertere Zeichnung unbedingt mit einer ausreichenden Vorzeichnung mit Bleistift beginnen. Das Material ist in verschiedenen Härtegraden von hart über mittel bis hin zu weich erhältlich.

Als Zeichengrund eignen sich für Kohle und schwarze Kreiden nahezu alle Papiere und Kartons mit einer etwas raueren Oberfläche.

Je rauer und gröber die Oberfläche ist, desto besser bleibt der Abrieb von Kohle und Kreide haften. Für dieses Zeichenmaterial sollten Sie größere Papierformate wählen, sodass die Zeichnung richtig zur Geltung kommt. Graues oder bräunliches Papier, wie z. B. Packpapier, kann bei einer Kreide- oder Kohlezeichnung eine ganz besondere Wirkung haben.

Reizvoll bei diesen Materialien ist die Technik des Verwischens. Auf diese Weise lassen sich große Flächen schnell bearbeiten. Papierwischer sind zwar als Zeichenzubehör angeboten, man kommt aber auch gut ohne sie aus. Die differenziertesten Effekte erzielt man immer noch mit den eigenen Fingern. Auch Stoffe und Papiertaschentücher lassen sich gut verwenden. Nach dem Zeichnen müssen die Bilder fixiert werden. Fixative für

die verschiedenen Arten von Zeichnungen sind überall in Geschäften, die Zeichenmaterial führen, erhältlich.

## Rötel und Sepia

Rötel (Bolus) besteht aus einer sehr feinen Tonerde, die zu unterschiedlichen Anteilen Eisenoxyde enthält. Durch diese kommen helle bräunliche bis rötliche Farbtöne zustande, die den Rötelzeichnungen den typisch warmen Charakter verleihen.

Sepia weist einen dunkleren Farbton, fast schon ein Braunschwarz, auf. Sepia und Rötel gibt es in unterschiedlichen Arten, in Stäbchenform viereckig, als runde Mine oder holzummantelt. In erdiger Konsistenz bröseln die Stifte leichter, lassen aber gute Verwischeffekte zu. Mit Zusätzen von Öl sind die fetteren Rötelstifte weniger empfindlich, lassen sich besser spitzen und erlauben einen genaueren und feineren Strich. Jedoch lassen sich fettere Rötel nicht so gut verwischen und eine einmal gezeichnete Linie ist kaum zu korrigieren bzw. wegzuradieren.

## Tinte und Tusche

Gänzlich anders als das Zeichnen mit festen Stiften stellt sich das Arbeiten mit Tuschen dar. Hierbei wird ein flüssiges Zeichenmittel mit einem Pinsel oder mit einer Stahl-, Kiel- oder Bambusfeder auf Papier vermalt. Tuschen bestehen aus feinstem Ruß, der mit Bindemitteln, manchmal auch noch mit einer schwachen Schellacklösung, vermischt ist. Schellack trocknet wasserunlöslich auf und ist sehr beständig. Während des Zeichenvorgangs können Tuschen

nach Bedarf mit Wasser verdünnt werden. Tusche erhalten Sie in flüssiger Form, aber auch in fester Form, wie es früher üblich war. Die Pigmente werden von diesen Stücken behutsam abgerieben und mit Wasser gelöst. Chinesische Tuschen eignen sich vorzüglich für alle Pinselzeichnungen.

Tinten gibt es in unterschiedlichen Farbtönen. Sie bleiben im Gegensatz zu Tuschen meist wasserlöslich. Hier mag aber der Farbton verlocken. Zeichnungen in Sepia oder Gebrannter Siena haben einen schönen warmen Ton.

Zum Zeichnen mit Tusche eignet sich besonders eine kleine, feine Stahlfeder. Während die vorher behandelten Zeichenmittel Bleistifte, Kohle und Kreiden ihre Wirkung durch Abrieb entfalten, sind die Federn übertragende Mittel. Tuschen oder Tinten fließen hier während des Zeichenvorgangs über die Feder ab.

Stahlfedern sind erst im Verlauf des vergangenen Jahrhunderts in Gebrauch gekommen, sind also jüngeren Datums und nicht mit der Tradition anderer Zeichenmittel vergleichbar. Sie sind aber ein äußerst zuverlässiges Instrument und können hart beansprucht werden. Die Verwendung des Pinsels ermöglicht eine sehr eigenwillige Art des Zeichnens. Wie die verschiedenen Federn gehört auch der Pinsel zu den übertragenden Mitteln. Die schmiegsame Haarspitze lässt unterschiedliche Linien- und Flächenbildungen zu, sodass mit einem einzigen Pinselstrich starke und breite Akzente aber auch ganz sensible Andeutungen entstehen können.

Für das Zeichnen mit Federn und Tuschen sollte das verwendete Papier eine glatte Oberflächenstruktur haben, da sich die Feder nicht einhaken darf. Bessere Studien- oder Skizzenblöcke haben eine ausreichende Qualität, es gibt auch lose Zeichenpapiere in verschiedenen Größen, die gut geeignet sind. Für Pinselzeichnungen ist eine ausreichende Saugfähigkeit des Papiers wichtig.

Pinselzeichner mit Verschlusskappe, Plastikpinsel und Tuschepatrone ergänzen auf praktische Weise das klassische Material, da man sie überall mit hinnehmen kann und sie jederzeit gebrauchsfertig sind. Von Zeit zu Zeit muss die Tuschepatrone erneuert werden und der Pinsel verbraucht sich nach gewisser Zeit. Die Effekte sind denen des klassischen Materials ähnlich und für Skizzen und Studien, aber auch für manch anspruchsvolle Zeichnung ist ein Pinselzeichner ausreichend.

## Kugelschreiber und Filzstifte

Ein weiteres Zeichenmaterial sind Kugelschreiber und Filzstifte. Diese Stifte haben eine Kunstfaser- oder Metallspitze, über die sie flüssige oder eingedickte Tinte bzw. Tusche auf das Papier übertragen. Sie haben den Vorteil, dass man sie, wie Bleistifte, ohne Aufwand überall mit hinnehmen kann und sie jederzeit einsatzbereit sind.

Mit diesen Zeichenmaterialien lassen sich Skizzen und schnelle Studien anfertigen. Nachteil ist, dass der Strich kaum variabel und so gut wie nicht korrigierbar ist, zudem verblasst die Zeichnung manchmal nach einiger Zeit.

# Die perspektivische Zeichnung und einige wichtige Begriffe

Die Kenntnis einiger wichtiger Begriffe ist für das perspektivische Zeichnen unumgänglich. Ihre richtige Verwendung bleibt Voraussetzung für ein gutes Gelingen. Sie sind schnell erklärt:

### Horizontlinie

Dieser Begriff ist jedem geläufig, der einmal aufs Meer geschaut hat. Bei nach vorn gerichtetem Blick befindet sich diese Linie in Augenhöhe.

### Fluchtlinie

Alle Linien, die senkrecht zum Horizont verlaufen, scheinen sich dort in einem Punkt zu treffen. Sie streben also vom Betrachter weg genau auf diesen Punkt zu. Beispiel: Eine lange Gerade von Eisenbahngleisen, die sich mit wachsender Entfernung vom Betrachter schließlich in einem Punkt trifft, macht dieses Phänomen sehr anschaulich.

### Fluchtpunkt

Fluchtpunkte befinden sich immer auf der Horizontlinie. Hier laufen alle Fluchtlinien zusammen.

### Blickpunkt

Der nach vorne gerichtete Blick findet einen bestimmten Punkt auf der Horizontlinie. Bei Frontalperspektive sind Blick- und Fluchtpunkt identisch.

### Bildebene

Dieser Begriff wird anschaulich, wenn man vor ein Fenster tritt und auf Straßen und Häuser

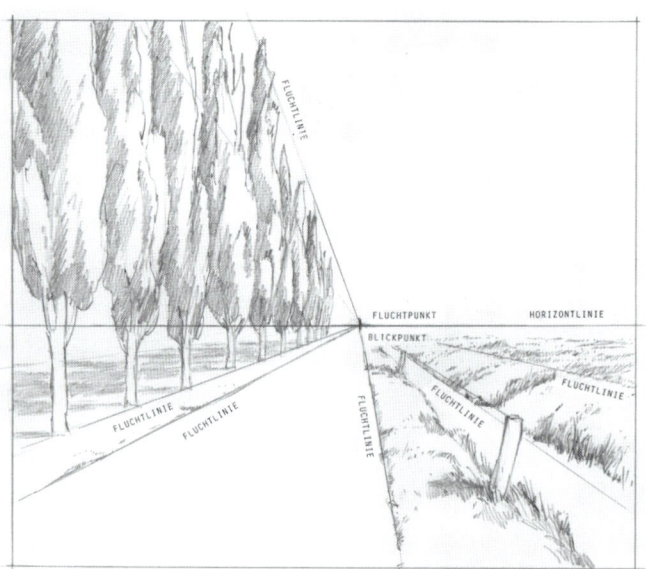

blickt. Man könnte jetzt ihre Umrisslinien auf der Scheibe nachziehen und bekäme so ein perspektivisches Bild. Ebenso ließe sich ein Raster aufbringen. Dieses Raster könnte auf Zeichenpapier übertragen werden. So ließe sich leicht darstellen, was durch die Fensterscheibe sichtbar ist. Die Bildebene befindet sich dabei immer parallel zur Horizontlinie.

### Die verschiedenen Perspektiven

Frontal- oder Parallelperspektive, Schräg- oder Über-Eck-Perspektive, Vogel- oder Luftperspektive sowie Froschperspektive werden im Folgenden anhand verschiedener Beispiele vorgestellt. Auf dieser kleinen Skizze sind die Begriffe bildlich festgehalten. Es handelt sich um einen perspektivischen Aufbau mit nur einem zentralen Fluchtpunkt. Dieser ist in diesem Fall mit dem Blickpunkt identisch. Der Verlauf der Fluchtlinien wird bei diesem Beispiel sehr deutlich. Sie streben vom Betrachter weg und zu dem fixierten Punkt auf der Horizontlinie hin. Es wird klar, wie leicht sich mit Hilfe von Fluchtlinien ein Bild mit einem räumlichen Effekt aufbauen lässt.

## Die Frontal- oder Parallelperspektive

Bei der Frontal- oder Parallelperspektive handelt es sich um eine perspektivische Sicht mit nur einem Fluchtpunkt, der mit dem Blickpunkt identisch ist. Der Standort des Betrachters lässt sich ziemlich leicht nachvollziehen. Steht man z.B. frontal vor einer Zimmerwand, befindet man sich in einer Ansicht, bei der der Fluchtpunkt mit dem Blickpunkt identisch ist. Dabei ist die Entfernung von der Wand gleichgültig. Wesentlich ist nur, dass die Waagerechten genau parallel zur Horizontlinie verlaufen. Eine derartige Sicht lässt sich mit jedem Objekt darstellen.

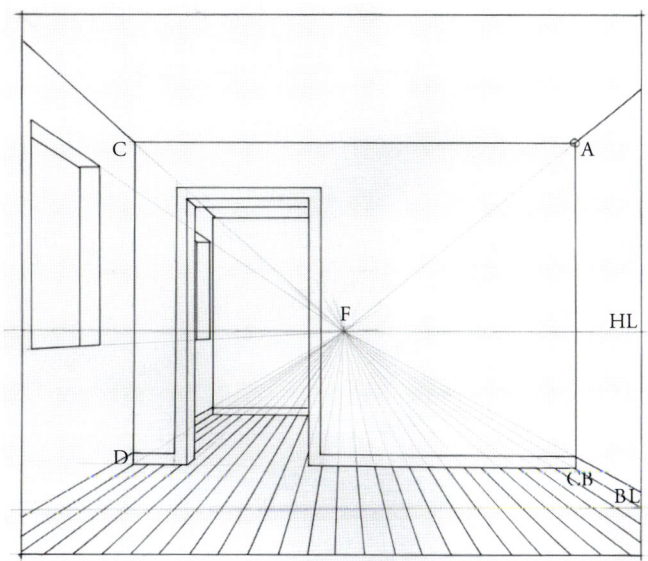

Dieses Beispiel zeigt, wie man auf einfache Weise einen Innenraum in Frontalperspektive zeichnen kann. Zunächst wird die Horizontallinie festgelegt. Sie kann ein wenig über oder unter der Mitte des Bildformats liegen. Der Blick geht genau in Richtung Fluchtpunkt, der damit zur

zentralen Stelle des Bildes wird. Vor dem Betrachter befindet sich eine Wand des Raumes, deren Höhe mit einer senkrechten Linie bestimmt wird. Dies ist die Linie AB, die jetzt zum Ausgangselement für alles Weitere wird. So können jetzt die ersten Fluchtlinien durch A und B zum Fluchtpunkt gezogen werden. Dieser wird vorher auf der Horizontlinie markiert. Eine Waagerechte durch Punkt A oder B wird in der gewünschten Länge festgelegt. Es entstehen die Punkte C und D. Hier können wieder Linien zum Fluchtpunkt gezogen werden. Die Senkrechte durch C und D ergibt die zweite Zimmerecke. Werden nun die Fluchtlinien jeweils bis zu den Bildrändern durchgezogen, entsteht ein Innenraum. Der Einbau einer Tür zu einem zweiten Raum macht keine Schwierigkeiten. Höhe und Breite werden nach Belieben bestimmt. Für die Fenster wird nur eine Senkrechte benötigt. Schon ergeben sich weitere Fluchtlinien, auf denen sich die Fensterbreite bestimmen lässt. Mehr Aufmerksamkeit muss auf die Bodenbretter verwendet werden. Hierzu muss eine Parallele zur Horizontlinie gezogen werden (der untere Bildrand wäre auch eine Möglichkeit). Auf dieser Bodenlinie werden in gleichmäßigem Abstand Markierungen angebracht. Durch diese Markierungen zieht man Linien bis zum Fluchtpunkt und erhält so einen glaubwürdigen Fußboden. Ein Innenraum lässt sich so relativ leicht, mit oder ohne Einrichtung, darstellen.

## Die Über-Eck- oder Schrägperspektive

Die Gegenstände zeigen uns manchmal ihre Front. Meist aber sehen wir sie aus irgendeinem Winkel mehr oder weniger schräg zu unserem Standpunkt. Wir sehen die Dinge also über Eck. Von einem Haus z.B. ist uns dabei eine Ecke näher als alles Andere. Für alle quaderförmigen

Formen, und die überwiegen in der Architektur, ist das leicht nachvollziehbar. Die Frontalperspektive reicht zur Darstellung einer solchen Situation nicht mehr aus. Blickpunkt und Fluchtpunkt sind nun nicht mehr identisch. Im Blickpunkt befindet sich nämlich unsere Haus- oder Zimmerecke, während die Seiten sich mit der Entfernung verjüngen, also je für sich einen Fluchtpunkt haben müssen.

Das folgende Beispiel soll eine derartige Situation deutlich machen.

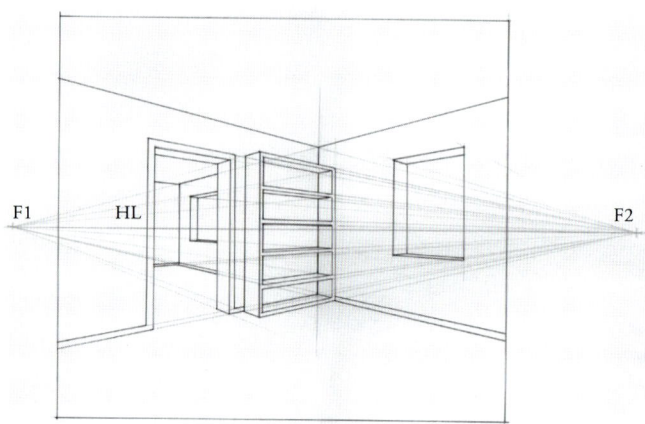

Wie zuvor wird eine Horizontlinie gezogen. Die Zimmerecke liegt genau im Blickpunkt und wird durch eine senkrechte Linie von einer bestimmten Länge markiert. Die beiden Seitenwände müssen in einem möglichst stumpfen Winkel aufeinander treffen, damit der Raum in einer vernünftigen Dimension erscheint. Jede Seitenwand bekommt ihren eigenen Fluchtpunkt. Diese Fluchtpunkte liegen außerhalb des Bildformats. Die Fluchtpunkte muss man sich also entsprechend auf der Zeichenunterlage markieren. Durch die Enden der Senkrechten werden Linien zu den Fluchtpunkten gezogen. Diese Linien werden bis zum Rand des Bildes verlängert und schon erscheinen die Seitenwände des Raumes. Fenster oder Türen in einer Wand haben mit ihr einen gemeinsamen Flucht-

punkt. Das gilt ebenso für alle Einrichtungsgegenstände, die sich parallel zur jeweiligen Wand befinden (siehe Regal). Gegenstände, die nicht parallel zu den Wänden stehen oder liegen, haben ihre eigenen Fluchtpunkte und müssen entsprechend über Eck gezeichnet werden. So kann es zu vielen Fluchtpunkten auf ein und derselben Horizontallinie kommen. Die Punkte müssen lediglich alle auf dieser Linie liegen.

Die Über-Eck-Perspektive ist für die Darstellung einzelner Gebäude oder von Stadtansichten unverzichtbar. Werden bei einem solchen Motiv Horizontlinie, Fluchtpunkte und -linien konsequent durchgezeichnet, wird die ganze Arbeit am Ende überzeugend realistisch ausfallen.

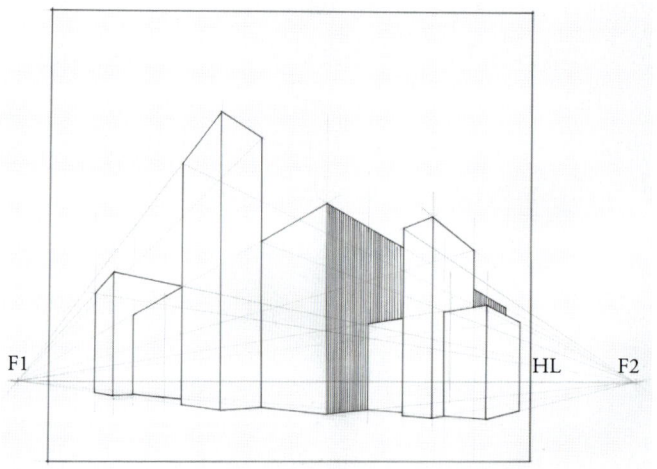

In diesem Beispiel wird ein Gebäudekomplex mit Hilfe zweier Fluchtpunkte aufgebaut. Die Horizontlinie ist hier recht tief gelegt und nähert sich so der Froschperspektive. Eine solche Perspektive erhalten Sie, wenn die Horizontlinie dem unteren Bildrand immer näher rückt und ihn eventuell sogar unterschreitet. Die beiden Fluchtpunkte werden außerhalb der seitlichen Bildränder markiert. Als erste Senkrechte wird die Ecke des später schraffierten Gebäudeteils gezeichnet. Jetzt können die entsprechenden Fluchtlinien gezogen werden. An das Gebäude wird weiter angebaut. Zunächst entsteht so der hohe Turm auf der linken Seite. Nach links und rechts erfolgen weitere Anbauten, sodass am Ende ein ganzer Komplex entsteht. Wenn Sie die Zugehörigkeiten zu den jeweiligen Fluchtpunkten beachten, gelingt diese Zeichnung ohne Schwierigkeiten. Die Seiten aller Gebäudeteile, die zur schraffierten Seite parallel verlaufen, haben Fluchtpunkt und -linien auf der rechten Seite. Die anderen Seiten richten sich entsprechend zum linken Fluchtpunkt hin aus.

## Die Luft- oder Vogelperspektive

Eine weitere Variante der Über-Eck-Perspektive entsteht, wenn die Horizontlinie sehr hoch angesetzt wird. Damit kommt man zur Luft- oder Vogelperspektive. Mit ihr erreicht man eine Auf- und Übersicht über die Bildelemente. Wie bei der Froschperspektive kann auch hier die Horizontlinie über den Bildrand hinauswachsen, diesmal aber nach oben hin.

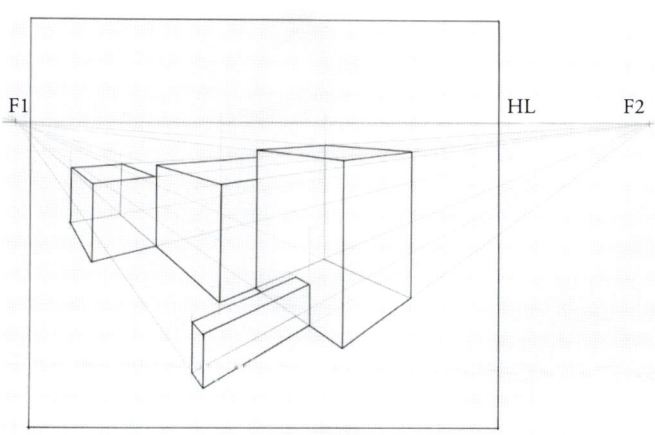

Wieder ist ein Komplex gezeichnet, der aus zusammengesetzten Quadern unterschiedlicher Größe besteht. Die Horizontlinie liegt sehr hoch und die Fluchtpunkte befinden sich außerhalb der seitlichen Bildränder. Die erste senkrechte Linie ist hier die vordere Ecke des größten Quaders. Ihm werden Fluchtlinien zu beiden Flucht-

punkten hin zugeordnet, um den weiteren Verlauf der Seiten darstellen zu können. Es wird weiterhin genauso verfahren wie im vorigen Beispiel, sodass am Ende wieder ein vollständiger Gebäudekomplex dasteht. Diesmal werden die einzelnen Quader aber durchsichtig gezeichnet. Auch die Seiten, die man bei Undurchsichtigkeit nicht sieht, beziehen sich deutlich auf die zugehörigen Fluchtpunkte. Zur Anschauung ist eine solche Übung recht nützlich.

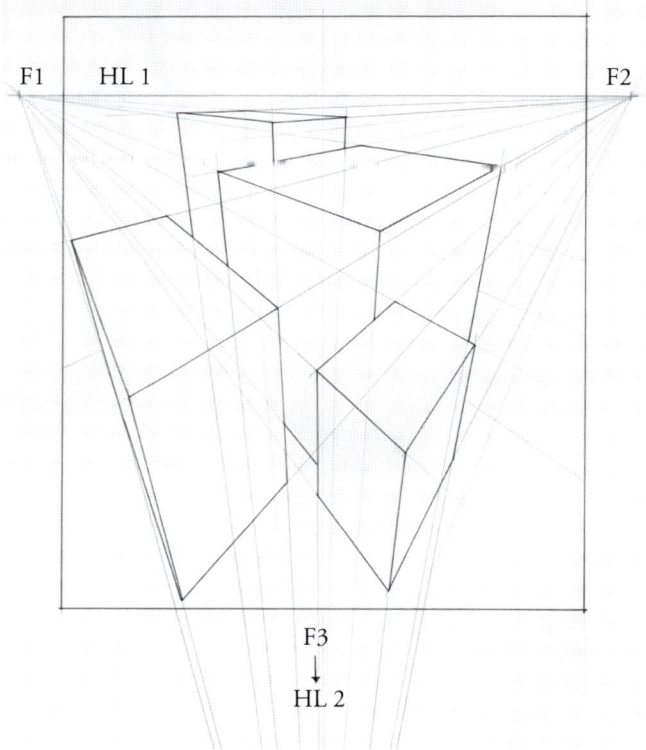

Die Vogelperspektive wird um einiges interessanter, wenn es sich um sehr hohe Gebäude oder Wolkenkratzer handelt. Die Horizontlinie wird in diesem Beispiel noch etwas höher gesetzt. Wieder liegen die beiden Fluchtpunkte außerhalb des Bildes. In der Vogelperspektive verjüngen sich sehr hohe Gebäude zu ihrer Basis hin. Dieses Phänomen muss zeichnerisch bewältigt werden. Wenn sich die Gebäude also nach unten hin verengen, wie wir es von der zum Horizont verlaufenden Straße kennen, muss noch eine zusätzliche Horizontlinie hinzukommen. Diese liegt aber weit unterhalb des unteren Bildrandes und muss sicherlich improvisiert werden. Die neue Horizontlinie verläuft genau parallel zur ersten. Auf ihr wird in der Nähe der Mittelsenkrechten des Bildes ein Fluchtpunkt markiert. Das Zeichnen beginnt diesmal mit der Oberseite des mittleren Gebäudes. Auf einer Fluchtlinie, die zum linken Fluchtpunkt führt, wird die Länge der entsprechenden Gebäudeseite bestimmt. Dasselbe geschieht mit der rechten Gebäudeseite. Die Fluchtlinien für die hinteren Seiten kommen hinzu und am Ende erscheint eine rhombusförmige Fläche, die das flache Dach des Gebäudes darstellt. Jetzt sind genügend Punkte vorhanden, um auch nach unten hin weiterzeichnen zu können. Dabei nimmt man eine beliebige Höhe an und zeichnet die vordere Gebäudeecke auf einer Fluchtlinie, die zum markierten Punkt auf der unteren Horizontlinie führt. Werden jetzt noch die Linien hinzugenommen, die zu den seitlichen Fluchtpunkten führen, kann das Gebäude vollständig in der neuen Sicht gezeichnet werden. Mit den anderen Elementen wird genauso verfahren. Mit zwei Horizontlinien und drei Fluchtpunkten lassen sich demnach ganze Wolkenkratzerstädte zeichnerisch darstellen.

## Die Froschperspektive

In der Vogelperspektive schwebt man über den Dingen. Was aber, wenn man unten in den Straßenschluchten steht und den Kopf weit in den Nacken legen muss, um das obere Ende der Gebäude zu sehen? Das ist nach der eben gemachten Übung nicht weiter schwierig. Wir drehen die Zeichnung einfach um und bekommen so eine Untersicht. Wir befinden uns in der Froschperspektive. Wenn wir jetzt die Linien der Gebäudeseiten bis zur Horizontlinie

oder knapp darunter durchziehen, hören die Gegenstände auf zu schweben und setzen auf dem Boden auf. Die Gesetzmäßigkeiten bei der Darstellung hoher Gebäude oder Türme sind bei Vogel- und Froschperspektive völlig gleich. Deshalb können unsere nicht weiter definierten Quader auch einfach gedreht werden, um zur entgegengesetzten Sichtweise zu kommen.

## Die Darstellung geneigter Flächen

In den perspektivischen Übungen hat es sich bisher immer um senkrechte oder waagerechte Flächen gehandelt. Wie aber lassen sich schräge Hausdächer oder andere geneigte Flächen darstellen?

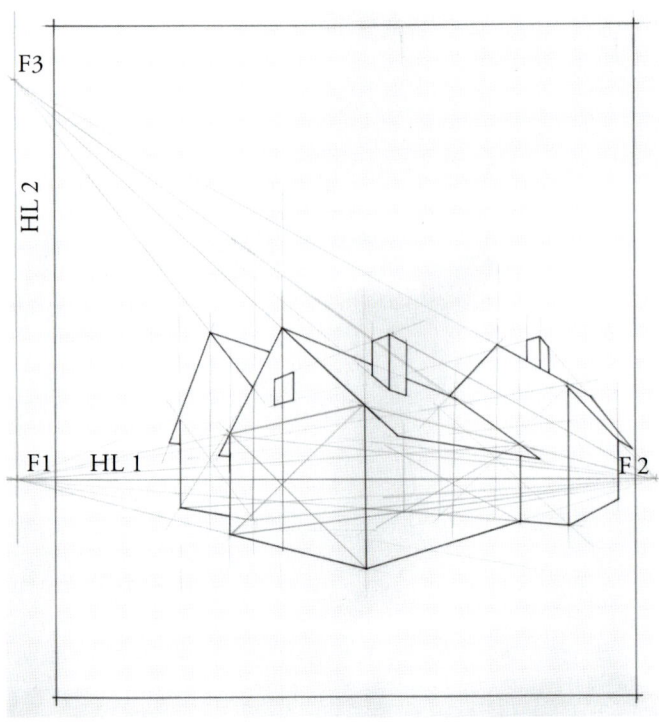

In diesem Beispiel sind drei Häuser unterschiedlicher Größe dargestellt. Die Horizontlinie liegt etwas unterhalb der Bildmitte, die Fluchtpunkte befinden sich ein wenig außerhalb des Bildrandes. Quaderförmige Gebilde darzustellen war bisher kein Problem. Wie aber zeigt sich die perspektivische Verkürzung in einer Giebelwand?

Zunächst wird das vordere Haus als Quader aufgebaut. Das geht in der bekannten Über-Eck-Perspektive ohne weiteres. Die Giebelwand erscheint in diesem Stadium als Trapez, das sich zur linken Bildseite hin verjüngt. Um zum Dachfirst zu kommen, wird die Mitte dieser Hausseite markiert. In das Trapez zieht man nun die Diagonalen. Wenn durch deren Schnittpunkt eine Senkrechte gelegt wird, erhält man die gesuchte Linie, auf der sich der Dachfirst befinden muss. Nun kann man die Neigung des Daches bestimmen. Über die Seite des Quaders, die dem Betrachter am nächsten ist, zieht man eine schräge Linie, die die zuvor gefundene Senkrechte schneidet. Hier befindet sich der Punkt, der den Dachfirst fixiert. Die entsprechenden Linien zum rechten Fluchtpunkt ergeben den Verlauf von Dachfirst und Traufe. Nun verjüngt sich die Dachfläche aber nach oben hin. Die Linie, die die hintere Neigung angibt, muss also noch gefunden werden. Mit der hinteren, unsichtbaren Giebelwand wird ebenso verfahren wie mit der vorderen. Hier ist die Senkrechte zu finden, die mit dem Dachfirst zusammen einen Schnittpunkt ergibt. Ist der gefunden, kann man durch den linken Fluchtpunkt eine senkrechte Horizontallinie ziehen. Sie ist die Bezugslinie für die Neigung der Dächer mit den dazu nötigen Fluchtpunkten. Die vordere Dachlinie wird jetzt bis zur neuen Horizontlinie verlängert. Durch diesen Fluchtpunkt zieht man eine Linie bis über den hinteren Punkt des Dachfirstes hinaus und erhält so die gesuchte Begrenzung. Mit den Dächern der anderen Häuser wird ebenso verfahren.

## Vom Kreis zur Ellipse

Flächen mit geraden Seiten lassen sich in der perspektivischen Verkürzung meist recht gut darstellen. Mit kreisförmigen Flächen ist das nicht

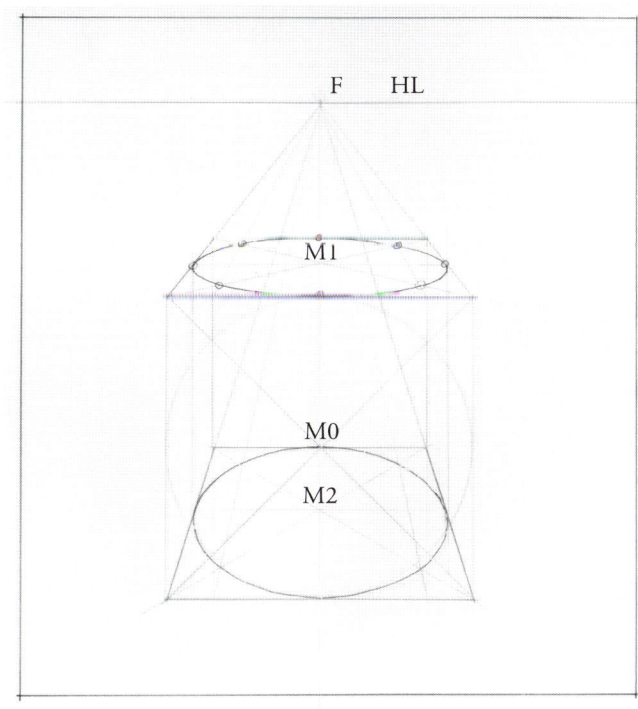

ganz so einfach. Perspektivisch geraten sie, je nach Standpunkt des Betrachters, zu mehr oder weniger ausgeprägten Ellipsen.

Ellipsen lassen sich natürlich zuverlässig konstruieren und es ist sicher sehr nützlich, dabei die Gesetzmäßigkeiten zu verstehen, die fürs Zeichnen und Malen wichtig sind. Unsere Konstruktion beginnt mit der Darstellung eines Würfels in Frontalperspektive. Die Horizontlinie liegt im oberen Bildbereich. Fluchtpunkt und Blickpunkt fallen zusammen. Zunächst wird ein ausreichend großes Quadrat unterhalb der Horizontlinie gezeichnet. Von jeder Ecke aus sollen Fluchtlinien zum Horizont hin verlaufen. Die Oberseite des Würfels erhält eine Trapezform. Es kommt nun darauf an, den Abstand von Vorder- und Rückseite so anzulegen, dass der Würfel am Ende glaubhaft aussieht und nicht verzerrt. Dazu sind sicher einige Versuche notwendig. Liegt die Oberseite einmal fest, ist die Unterseite kein Problem mehr. In die vordere quadratische Seite werden nun die Diagonalen eingezeichnet. Ihr Schnittpunkt ist zugleich der

17

Mittelpunkt eines Kreises, der die Seiten in ihrer Mitte tangiert. Kreis und Diagonale ergeben Schnittpunkte, durch die senkrechte Linien bis zu den Rändern des Quadrates gezogen werden. Hier entstehen also neue Schnittpunkte. Von hier aus können nun jeweils Linien bis zum Fluchtpunkt gezogen werden. Diese Linien werden wichtige Hilfen beim Zeichnen der Ellipsen. Die Oberseite des Würfels wird jetzt ebenfalls mit Diagonalen versehen. Durch deren Schnittpunkt wird eine Waagerechte bis zu den seitlichen Rändern gezogen. Die Mittelpunkte der vorderen und der hinteren Seite des Trapezes werden ebenfalls markiert. Nun sind genügend Punkte vorhanden, um die erste Ellipse zu zeichnen. Trotz dieser acht Punkte ist einiges Fingerspitzengefühl nötig, um das gewünschte Gebilde zufriedenstellend vor sich zu sehen. Kleinere Korrekturen sind sicher nötig. Letztlich ist dies aber eine zuverlässige Möglichkeit, eine Ellipse zu zeichnen. Mit der Unterseite des Würfels wird jetzt ganz genauso verfahren. Die untere Ellipse nähert sich schon mehr der Kreisform an.

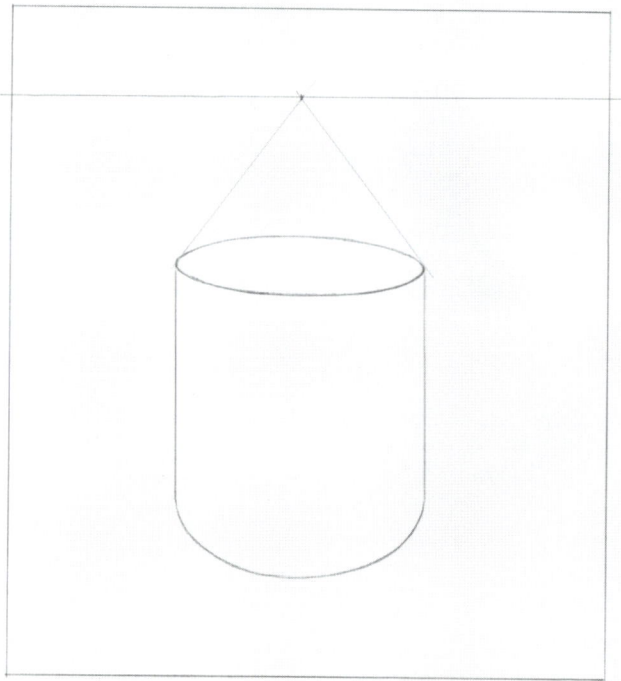

Verbindet man beide Ellipsen mit tangierenden Senkrechten, erhält man einen Zylinder. Wenn man sich jetzt die vorderen Krümmungen der Ellipsen ansieht, lassen sich klare Unterschiede feststellen. Die untere Krümmung fällt deutlich stärker aus als die obere. Genau dies wird bei der Darstellung runder Gefäße in Stillleben häufig übersehen.

Diese recht technische Konstruktion vermittelt nützliche Kenntnisse für diverse Motive in Zeichnung und Malerei. Mit einiger Übung kann man Ellipsen jeder Art ganz gut freihand zeichnen. Die Lage der Horizontlinie muss dabei jedoch beachtet werden.

Die Fässer dieser Skizze sind ziemlich hoch gestapelt und bieten den Anblick eines industriellen Stilllebens. Auf Feinheiten wurde bei dieser Skizze nicht geachtet. Es kommt allein darauf an, die Rundungen der Fässer gut darzustellen. Dabei müssen Ellipsen mit unterschiedlichen Krümmungen gezeichnet werden.

# Schritt für Schritt zum fertigen Bild

## Auf der Stadtmauer

 **Benötigtes Material:** Festes weißes Zeichenpapier, ein Bleistift (HB) und Sepiastift.

Das vorliegende Beispiel hat eine Fotografie zur Grundlage. Die Gerade der Stadtmauer trennt Häuser, Wohnungen und Straßen exakt von ihrer Umgebung, sie schützt und verschließt zugleich. Sie ist das bestimmende Bildelement.

### Erster Schritt

Grundlage für diese Zeichnung ist die Zentralperspektive. Die Mauer verläuft mit Brüstung und Gang schnurgerade vom Betrachter weg auf einen Fluchtpunkt zu, der auf dem fernen Horizont liegt. Ein weiterer Fluchtpunkt ergibt sich aus den Linien von Oberkante und Seite der linken Bastion. Er liegt am Bildrand, gerade noch innerhalb des Bildformats.

Um die Zeichnung perspektivisch genau zu gestalten, wird zunächst mit einem Bleistift vorgezeichnet. So lassen sich alle Linien noch leicht korrigieren, was beim Sepiastift schon erheblich schwieriger ist.

Die Zeichnung beginnt mit einer Horizontlinie, die hier auch das Meer begrenzt. Dann wird der Fluchtpunkt für die Mauer knapp eingezeichnet. Er befindet sich hinter den kleineren Gebäuden auf der Bastion und wird in der fertigen Zeichnung nicht mehr zu sehen sein. Die Breite der Mauer muss jetzt unten im Vordergrund gefunden werden, wobei die rechte Seite etwas schräg und nicht genau senkrecht verlaufen soll. Brüstung und Gang der Mauer sind mit den Fluchtlinien identisch. Die Bastion befindet

sich unter der Horizontlinie und kann mit wenigen Linien gezeichnet werden. Zusammen mit der Mauer ist damit das ordnende Element des Bildes bestimmt.

Das größte Objekt in der rechten Bildhälfte ist das vordere Haus. Die Giebelwand verläuft parallel zur Mauer. Daher ist der Fluchtpunkt der Mauer auch für die beiden kleinen Fenster auf dieser Wandseite bestimmend. Die Fluchtlinien dazu werden entsprechend eingezeichnet. Horizontale und senkrechte Linien deuten etliche Häuser im Hintergrund an. Diese müssen aber nicht weiter perspektivisch angeordnet werden. Die beiden Zypressen werden noch gezeichnet, einige Büsche und kleine Bäume bleiben nur angedeutet.

### Zweiter Schritt

Die Bleistiftlinien werden nun möglichst genau mit Sepiastift nachgezogen. Zusammen mit den markierten Fluchtpunkten können die gezogenen Fluchtlinien vorsichtig wegradiert werden. Die Sepiazeichnung liegt nun in Umrissen vor. Sie soll jetzt lebendiger und plastischer herausgearbeitet werden.

Dieses beginnt mit der Darstellung von Schatten, wobei die Lichtrichtung von rechts bestim-

mend ist. Die Seiten der Bastion, die Hauswand und die Zypressen kommen allmählich ins Bild.

## Dritter Schritt

Jetzt wird die Zeichnung im Detail ausgearbeitet. Die Licht- und Schattenseiten müssen beachtet werden, um zu einer überzeugenden Wirkung zu kommen. Der Sepiastift ist relativ weich und muss häufiger nachgespitzt werden, um feinere Einzelheiten deutlich zu machen. Dachziegel, Gebüsch und Besonderheiten der Mauer erscheinen so nach und nach. Das Meer wird durch kleine geschwungene Linien leicht bewegt. Helle Wolken in der linken oberen Bildhälfte ergeben einen notwendigen Akzent, der für mehr Harmonie im Bild sorgt. Die Wolken sind ein gewisses Gegengewicht für das kräftige Gebilde von Mauer und Häusern. Zuletzt können hier und dort noch einmal Schatten vertieft und einzelne Linien verstärkt werden. Der Sepiaton verleiht dieser Zeichnung einen besonderen Charakter.

# Hinterhof

**Benötigtes Material:** ein leicht ockerfarben getöntes, festes Papier mit leicht rauer Oberfläche, zwei Bleistifte (HB und B) für die Vorarbeit, Pastellstifte in sehr hellem gedecktem Gelb, Weiß, Ocker, verschiedenen Braun- und Grautönen, Umbra und Schwarz.

Hinterhöfe sind häufig lohnende Motive für eine Zeichnung und in der Malerei. Hier begegnen sich die unansehnlicheren Teile von Häusern und Mauern, die Rückseiten mit angebauten Schuppen, Müllcontainern, allerlei Abgestelltem und spärlichen, mühsam das Licht suchenden Pflanzen. Das Spiel von Licht und Dunkel, der Kontrast von warmer Helligkeit und dunklen Wänden verspricht einigen Reiz. Mag auch die abblätternde Farbe einen malerischen Aspekt haben, um dieses Motiv zu zeichnen, braucht es die perspektivische Sicht. Selbst die architektonische Tristesse gehorcht Horizont- und Fluchtlinien, dem geordneten Zusammenspiel von Waagerechten, Senkrechten und Diagonalen. Für diesen Hinterhof dient ein Foto als Vorlage.

### Erster Schritt

Zunächst werden Horizontlinie und Fluchtpunkt festgelegt. Letzterer wird ziemlich mittig angesetzt und eine Zentralperspektive aufgebaut. Dann werden die senkrechten Linien der Hauswände gezeichnet. Die Bildelemente können mit dem weicheren Bleistift gezeichnet werden. Sie sollen kräftiger dastehen als die korrigierenden Hilfslinien. Die parallel zueinander verlaufenden Hauswände erscheinen durch die Perspektive stark verkürzt. Ihr richtiges Aussehen bestimmt der Verlauf der entsprechenden Fluchtlinien. Dasselbe gilt für Fenster und Türen. Am Ende entsteht so eine Vorzeichnung, die streng perspektivisch aufgebaut ist.

## Zweiter Schritt

Fluchtlinien und Horizontlinie werden so gut wie möglich wegradiert. Übrig bleiben die groben Umrisslinien und die Andeutungen der Details. Die farbige Gestaltung beginnt mit dem Himmel als hellstem Bildteil und als Hintergrund. Ein helles Gelb wird aufgetragen, das bis zum Weiß an der rechten Hauswand abgestuft wird.

Dann folgt die graue Hauswand des Hintergrundes mit Schornstein, Aufbau und Fenstern. Das Haus auf der linken Seite erscheint mit kräftigen Brauntönen und etwas Grau und Schwarz. Ähnlich wird das rechte Gemäuer angelegt. Die Mauer, Pflanzen und der Boden bekommen eine Grundfarbigkeit, in der Licht und Schatten bereits ihren Platz haben.

23

## Dritter Schritt

Der Himmel wird jetzt noch einmal überarbeitet, bis der endgültige Ton gefunden ist. Dann folgt die Feinarbeit, die Abstimmung der dunklen Hauswände und das Herausarbeiten der Einzelheiten von Fenstern und Türen. Mauer, Pflanzenwuchs und Müllcontainer folgen.

In diesem Stadium sollen außer den Details die Kontraste möglichst stark hervorgehoben werden. Alle dunklen Flächen werden so oft überarbeitet, bis sie intensiv genug dastehen. Der Lichteinfall kann im oberen Teil der beiden Büsche und durch den großen Lichtfleck auf dem Boden deutlich sichtbar gemacht werden.

Dieses einfache Motiv kommt durch die Kontraste und eine perspektivische Striktheit zu seiner ästhetischen Wirkung.

# Bahnhofsszene

**Benötigtes Material:** Skizzenpapier und festeres, weißes Zeichenpapier, ein Bleistift (HB), eine kleine Stahlfeder und verdünnte schwarze Tusche.

Bahnsteige, Schienen und Züge sind langgestreckte Elemente, die sich ohne Berücksichtigung der Zentralperspektive zeichnerisch kaum erfassen lassen. Zwar sieht man die Gleise bei einer Bahnhofsszene nicht in einem Fluchtpunkt am Horizont verschwinden, doch scheint sich alles zum Bahnhofsausgang hin zu verengen. Hier wird die Gesetzmäßigkeit der perspektivischen Verkürzung ganz deutlich.

## Erster Schritt

Die Zeichnung beginnt vor Ort, nämlich im Bahnhof Hamburg-Altona. Die Skizze vor Ort wird mit leichten Linien festgehalten, die die wichtigsten Elemente, wie Bahnsteigkante, Zug und Verlauf des Daches zu erfassen suchen. Hierbei muss gleich auf einen annähernd richtigen perspektivischen Verlauf geachtet werden, um die Einzelheiten stimmig zueinander anordnen zu können.

Die Skizze kümmert sich zunächst nur um die materiellen Details. Die Passanten kommen erst zum Schluss dazu. Ein Problem ist, dass sie in Bewegung sind und nicht stehen bleiben. Aber in einem Bahnhof hat man ja eine große Auswahl. Es werden die Menschen festgehalten, die sich gut zeichnerisch darstellen lassen. Authentisch sind dabei nur die vorderen Personen.

Die Personen im Hintergrund werden nur angedeutet. Auch beim Zeichnen von Personen muss die Perspektive beachtet werden. Im Hintergrund werden sie deutlich kleiner gezeichnet als vorne.

25

Gleis 7

7

## Zweiter Schritt

Die Skizze soll mit Feder und Tusche noch weiter ausgearbeitet werden. Hierzu muss sie auf ein
festeres Papier übertragen werden, da sich das
Skizzenpapier nur schlecht für die Feder eignet.
Bei der Übertragung ergibt sich die Gelegenheit,
das Ganze perspektivisch durchzuarbeiten. Die
Horizontlinie wird festgelegt und der Fluchtpunkt befindet sich ziemlich genau am Ende des
Bahnsteigs. Die bestimmenden Elemente, Bahn-
steig, Dach, Zug und Oberleitungen, können
nun mit Hilfe von Fluchtlinien korrigiert und
genau angeordnet werden. Das gilt auch für alle
Details des Bahnsteigs und der Hinweistafeln.
Die Zeichnung ist jetzt perspektivisch berichtigt.

## Dritter Schritt

Die Bleistiftlinien können nun mit Tusche und Feder nachgezogen werden. Das geschieht ohne Lineal. Es gelingt auch so eine einigermaßen gerade Linie, wenn man zwischendurch kurz absetzt. Die Dachunterseiten bekommen einige Strukturlinien und eine kleine Schraffur. Sie sind die dunkelsten Flächen der Zeichnung. Zum Lavieren wird ein wenig Tusche mit Wasser verdünnt. Destilliertes Wasser eignet sich dazu am Besten. Mit einem Aquarellpinsel wird die Tuschemischung in die Schattenpartien gesetzt. Das geschieht vorsichtig und mit wenig Flüssigkeit. Es ist eine Art von ergänzendem Aquarel-

lieren, das die Zeichnung unterstützen und ihr einen bestimmten, aber leichten Charakter verleihen soll.

# Stadt am Meer

**Benötigtes Material:** weißes Zeichenpapier mit fester Oberfläche, ein Bleistift (HB) für die Vorzeichnung, eine feine Stahlfeder und Sepiatusche.

Ein Luftbild der kleinen dänischen Stadt Ebeltoft ist hier die Vorlage. Die gesamte Anordnung von Häusern und Straßen ist gut zu überblicken. Einzelheiten baulicher Besonderheiten und sogar die Pflastersteine sind sichtbar. Das Ganze wirkt fast wie eine Spielzeugstadt. Zum Meer hin wird alles ungewisser. Die perspektivische Verkürzung macht alles kleiner und weniger deutlich. Die Luft- oder Vogelperspektive wird in Zeichnungen und in der Malerei wenig oder nur ansatzweise verwendet. Manchmal hat ein gewisser Überblick aber einen ganz besonderen Reiz.

## Erster Schritt

Da hier eine Fülle von Details in eine bestimmte Ordnung gebracht werden muss, wird die Fotografie gerastert. Das entstandene Koordinatennetz wird dann vergrößert auf das Zeichenpapier übertragen. Aus der Anordnung der vorderen Häuser, des Platzes, der Straße und des Rathauses ergibt sich eine Ordnung, die durch Fluchtlinien und Fluchtpunkte darstellbar ist. So deuten die Giebel der beiden vorderen Häuser auf der rechten Seite sowie der Bürgersteig auf einen Fluchtpunkt, der sich nahe des linken Bildrandes befindet. Dachlinien und Fachwerk des Rathauses verweisen auf einen Punkt, der außerhalb des Bildfor-

mats auf der rechten Seite liegt. Die Häuser und das Rathaus werden jetzt in Umrisslinien auf Papier gebracht. So können die Fluchtlinien mit Bleistift und Lineal gezogen werden. Dadurch wird ein Grundmuster klar und das Anordnen aller weiteren Elemente einfacher. Die Fluchtlinien ergänzen in diesem Fall die Hilfestellung des Rasters und können Ungereimtheiten korrigieren.

Der erhöhte Standpunkt des Betrachters erlaubt keine perspektivische Ungenauigkeit. Der rechte Fluchtpunkt muss auf der Zeichenunterlage markiert werden. In diesem Stadium entsteht die Stadt nach und nach in Umrisslinien mit Horizont und Hügeln im Hintergrund.

## Zweiter Schritt

Die Details, wie Fenster, Türen und Fachwerk, werden mit Bleistift gezeichnet. Bäume, Büsche und Hintergrund werden an die richtige Stelle gesetzt. Jetzt sind Korrekturen noch gut möglich, das Zeichnen mit Feder und Tusche lässt sie dagegen kaum zu. In diesem Stadium könnte die Zeichnung auch als eine reine Bleistiftzeichnung stehen bleiben. Sie ließe sich zusätzlich mit Licht und Schatten, Himmel und Wolken vervollständigen.

## Dritter Schritt

Das Zeichnen mit der feinen Stahlfeder beginnt zunächst beim Rathaus. Es ist das Gebäude, an dem die meisten Details zu berücksichtigen sind. Zunächst wird der Turm gezeichnet, dann das Dach und schließlich das Fachwerk der Wände. Die Zwischenräume bleiben frei. Es entsteht ein Wechsel zwischen hellen Flächen und dunklem Gebälk. Fenster und Türen bedeuten mehr Kleinarbeit und subtiles Ziehen kleinerer Linien. Das Gebäude hebt sich jetzt deutlich aus der Umgebung der Bleistiftlinien ab. Raster- und Fluchtlinien müssen noch stehen bleiben. Sie können erst am Ende der Arbeit wegradiert werden.

## Vierter Schritt

Mit Feder und Tusche wird die Zeichnung nun zu Ende gebracht. Dabei verläuft der Zeichenvorgang so weit wie möglich von links nach rechts, um Verwischungen zu vermeiden, denn Tuscheflecken lassen sich nur mühsam entfernen. Dachpfannen und Pflastersteine sind wirkliche Detailarbeit. Das Resultat entschädigt durch eine gute Wirkung. Bei den Dachpfannen des Rathauses müssen die Fluchtlinien beachtet werden, damit nicht die ganze Formation verrutscht. Büsche, Bäume und der Hintergrund bieten keine großen Flächen mehr. Sie bestehen aus einer Vielzahl feiner Linien.

Der Himmel bekommt zum Schluss seine Wolkengebilde. Diese können zuerst mit Bleistift leicht vorgezeichnet werden. Gezeichnet wird dann der Himmel. Hierfür reicht eine Anzahl waagerechter Linien, die in geringem Abstand zueinander stehen. Jetzt können alle Bleistiftlinien gründlich wegradiert werden.

# Hafen

**Benötigtes Material:** festes weißes Zeichenpapier, Bleistift (HB), evtl. Lineal, diverse Buntstifte guter Qualität.

Häfen sind meist nicht als Ganzes ins Bild zu bringen, es sei denn, sie sind recht klein und überschaubar. Gewöhnlich muss man sich auf einen Ausschnitt beschränken. Dabei machen die baulichen Anlagen perspektivisch wenig Schwierigkeiten. Natürlich gelten die Regeln der Perspektive auch für Schiffe und Boote. Die Krümmungen des Rumpfes und die geschwungenen und gewölbten Decks erfordern einige Aufmerksamkeit. Bei kleineren Schiffen sind gerade Linien, auf die man sich zeichnerisch gut verlassen kann, ziemlich rar. Masten, Rahen und der sie stützende Teil der Takelage können dagegen fast mit dem Lineal gezogen werden. Ob vor Ort oder von einem Foto, bei Schiffen und Häfen sollte man sehr genau hinsehen, wenn man sie zeichnen will.

## Erster Schritt

Als Vorlage dient ein Foto von einem Teil des Flensburger Hafens mit Anleger und einigen älteren kleinen Seglern. Dieses Motiv soll eine Vorzeichnung ergeben, die später mit Buntstiften zu einem stimmungsvollen Bild ausgearbeitet werden kann. Die lange Gerade der Anlegerkante macht es leicht, Fluchtpunkt und Horizont zu finden. Soweit es nützlich ist, können nun einige Fluchtlinien gezogen werden. Dies geschieht

im Rumpfbereich der Boote, der Dalben an der linken Seite des Stegs und im rechten, äußeren Bereich des Bildes. Diese Vorarbeit ist wichtig für die folgende räumliche Anordnung der wichtigsten Bildelemente. Landungssteg, die Dalbenreihe (Pfähle) und Boote können nun leicht gezeichnet werden. Masten, Takelage und andere Details verlangen dabei eine genaue Zuordnung. Vor der farbigen Ausarbeitung müssen die Fluchtlinien ausradiert werden.

### Zweiter Schritt

Es soll eine Gegenlichtsituation entstehen. Sie
erlaubt reizvolle Kontraste, erleichtert aber auch
die Umsetzung durch ausführliche Schattenpartien, in denen allzu kleine Details gut verschwinden können. Zuerst muss der Himmel
gezeichnet werden. Er wird mit einem sehr
hellen gedeckten Gelbton angelegt, der von der
Stadtsilhouette ausgehend langsam zum oberen
Rand hin ausläuft. Die Wasseroberfläche erscheint in demselben Ton. Mit hellen Blautönen

wird nun vom oberen Rand in das Gelb hinein-
gezeichnet und zwar so, dass ein allmählicher
Übergang der Farbnuancen entsteht. Die Farbtöne werden immer wieder mit leichter Hand
übergezeichnet. Türkis leistet dabei gute Dienste.
Die Stadt im Hintergrund wird völlig einheit-
lich mit violetten Farbtönen ins Bild gebracht.
Die schemenhafte Wirkung ist erwünscht. Mit
den Hintergründen entsteht bereits ein interessanter und stimmungsvoller Eindruck.

### Dritter Schritt

Die Boote, bisher nur schwach angedeutet, können jetzt weitergezeichnet werden. Sepia und Vandyckbraun sind dabei geeignete Farbtöne. Rümpfe, Masten, zusammengerollte Segel und Schattenpartien entstehen in diesem Stadium. Das Bild wird so nach und nach körperhafter. Der hintere Wasserbereich wird so belassen wie er ist. Vorne ist nur wenig Wasser zu sehen. Hier wechseln sich Blaugrün und Gelb ab und deuten eine kleine Wellenbewegung an.

## Vierter Schritt

Immer mehr Details erscheinen vor einem unveränderten Hintergrund. Bei Masten und Teilen der Takelage mag ein Lineal das Zeichnen gerader Partien erleichtern. Helle Flächen, wie Teile der Decks und die Planken des Anlegers, werden mit einem Ockerton leicht gezeichnet. Der helle Untergrund kann hier noch durchscheinen und mitspielen. Die einzelnen Bretter bleiben mit einigen Linien nur angedeutet. Die Objekte auf der rechten Seite erscheinen schemenhaft und so im Anschnitt, dass sie nicht klar bestimmbar sind. Das fertige Bild zeigt einen sonnigen, fast südlichen Charakter.

# Wattenmeer

**Benötigtes Material:** festes Zeichenpapier mit rauer Oberfläche, ein Bleistift (HB) für die Vorarbeit, Pastellstift in verschiedenen Grau-, Grün- und Blautönen, Weiß, hellem Gelb, Terra di Siena und Lichter Ocker.

Zunächst scheint es, als wären die Regeln der Perspektive bei einem solchen Motiv ohne Bedeutung. Es fehlt jegliche Architektur und nichts in diesem Bild erscheint wirklich fest und greifbar. Bestimmend ist allein die Weite, in der sich Land- und Wasserflächen verlieren. Doch wie kann gerade diese Weite am Besten dargestellt werden? Der Standort des Betrachters gibt die Antwort bereits einleuchtend vor. Wasser- und Landflächen haben einen bestimmten Verlauf. Sie entfernen sich vom Betrachter und laufen so auf den Horizont zu, als könnten sie sich in einem imaginären Punkt treffen. Horizontlinie und Fluchtpunkt sind also offensichtlich. Die Anwendung der Zentral- oder Linearperspektive bietet sich an, um das Problem des räumlichen Eindrucks zu lösen.

## Erster Schritt

Die Vorarbeit macht hier keine große Mühe, ist aber dennoch für das Gelingen sehr wichtig. Zunächst wird die Horizontlinie festgelegt, am Besten etwas oberhalb der Mitte.

Der Fluchtpunkt sollte nicht genau in der Bildmitte liegen, er wird also etwas nach rechts versetzt. Auf diese Weise wird mehr Spannung im Bild erzeugt.

Die Ränder der Wasserläufe (Priele) werden jetzt so gezeichnet, dass sie einen bestimmten Schwung haben. Außerdem verjüngen sie sich zum Horizont hin. Hierzu werden einige Fluchtlinien gezogen. So entsteht bereits im Anfangsstadium ein gewisser Eindruck von Weite.

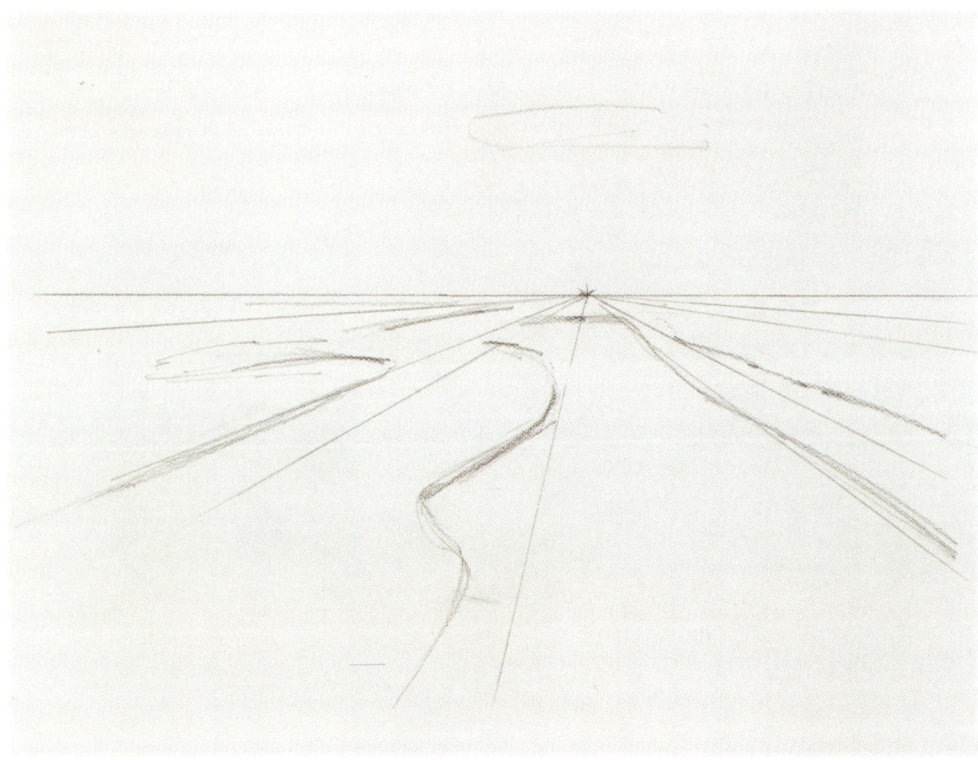

## Zweiter Schritt

Die farbige Ausarbeitung beginnt zunächst in groben Zügen. Die Fluchtlinien werden nicht mehr benötigt und wegradiert. Der Himmel erhält eine sehr kräftige helle Markierung, auf die alles zuzulaufen scheint. Helles Gelb und Weiß werden hier aufgetragen. Grautöne bedecken den übrigen Teil des Himmels. Für die Landflächen wird ebenfalls Grau aufgetragen. Terra di Siena und Ocker werden dazugenommen. In diesem Stadium ergibt sich bereits ein klares Bild. Alle Elemente sind eingezeichnet und haben ihre Form und Grundfarbigkeit erhalten.

### Dritter Schritt

Nun wird das Bild weiter farblich gestaltet. Der Himmel wird zuerst fertig gestellt. Mit verschiedenen Grauwerten wird er immer wieder überarbeitet. Dabei werden die Pigmente oft verwischt, um einzelne Linien und Kanten zu vermeiden. Es soll ein bedeckter Himmel mit einer kleinen Lichtstelle werden, ein Zustand der beginnenden Dämmerung. Ein wenig Gelb und Terra di Siena kommen noch hinzu und werden so verwischt, dass sie nur noch andeutungsweise zu sehen sind. Die Landstreifen müssen sehr kräftig geraten, um das Stadium der Dämmerung glaubhaft zu machen. Auch hier werden Pigmente neu aufgetragen und wieder verwischt. Zum Vordergrund hin gerät alles dunkler, auch die Wasserflächen sollten in diesem Farbverlauf gestaltet werden. Die Wasserflächen bleiben die hellsten Flächen im Bild. Sie werden zum Horizont hin mit hellem Gelb und Weiß kräftig aufgehellt. Grundsätzlich werden die Farben in Richtung Horizont aufgehellt. Auf diese Weise wird eine atmosphärische Perspektive erzeugt, die zusammen mit der Linearperspektive dem Bild zu seiner Wirkung von Weite verhilft. Ähnlich kann man bei anderen weiträumigen Landschaften wie Steppen, Wüsten, Tundren usw. verfahren. Eine perspektivische Grundeinteilung ist in jedem Fall hilfreich.

# Straßenszene

**Benötigtes Material:** ein einfacher Skizzenblock DIN A3, Bleistift Härtegrad 2B.

Diese kleine Skizze wurde vor Ort, an einem Straßenrand gemacht. Da die Personen, die gezeichnet werden sollten, sich mehr oder weniger schnell bewegten, blieb keine Zeit für eine genaue Umrisslinie, schon gar nicht für Korrekturen. Bei einer solchen spontanen Skizze, die nicht mehr als die Andeutung einer Situation sein kann, muss sehr schnell gezeichnet werden. Eine solche Skizze kann, zusammen mit weiteren Skizzen oder Studien, Grundlage für eine ausführliche Zeichnung oder ein farbiges Bild sein. Die Schattierung bei diesem Beispiel entstand als Ergänzung der wenigen Umrisslinien erst später zu Hause.

Skizzierendes Zeichnen ist eine gute und wichtige Übung. Da der Anspruch, eine vollständige Zeichnung auszuführen, fehlt, geraten oft die Linien leichter und besser.

# Porträt

**Benötigtes Material:** einfaches Skizzenpapier, 26 x 32 cm, Bleistifte Härtegrad HB und 2B.

Bei diesem Bild saß ein kleines Mädchen für eine kurze Zeit Modell. Zuerst wurden mit dem härteren Bleistift die flüchtigen Umrisse des Mädchens gezeichnet, dann wurden mit dem weicheren Stift diese Linien an einigen Stellen verstärkt. In wenigen Minuten entsteht ein Porträt aus immer wieder unterbrochenen Umrisslinien. Um Größenverhältnisse und Proportionen besser einschätzen zu können, ist es hilfreich, bestimmte Abstände und Strecken mit dem ausgestreckten Bleistift abzumessen und dann auf das Papier zu übertragen. Fehlende Linien werden vom Betrachter ergänzt und das Bild wird gewissermaßen im Kopf vervollständigt.

# Alte Holztür

**Benötigtes Material:** einfaches Skizzenpapier, 26 x 32 cm, Bleistift Härtegrad 2H und 2B.

Diese Zeichnung ist ein Beispiel für die Schummertechnik. Hierbei wird der Bleistift nicht wie beim Schreiben oder sonstigen Zeichnen gehalten, sondern sehr viel flacher. Die ganze verfügbare Mine sollte auf dem Papier aufliegen. Mit dieser Technik lassen sich sehr breite Striche ziehen und große Flächen bearbeiten. Die Intensität des Bleistiftstriches wird dabei durch den Druck auf den Stift und mehrmaliges Übereinanderzeichnen variiert. Auf diese Weise lassen sich malerische Effekte erzielen und sensible Schattierungen anlegen.

Diese Skizze entstand in einer groben Vorzeichnung, bei der die wenigen Bildelemente festgelegt wurden. Von links nach rechts verlaufend wurde anschließend eine Schattierung angelegt, die im Bereich des Fensters und der Tür besonders intensiv ausgeführt wurde. Unter die zeichnende Hand wurde ein Blatt Papier gelegt, um unerwünschte Verwischungen zu vermeiden. Stärkerer Aufdruck und wiederholtes Übereinanderzeichnen erzielten in der Türöffnung die gewünschte Dunkelheit. Die körnige Struktur der Hauswand entstand durch Frottagetechnik.

Hierbei wird ein raues Sandpapier unter das Skizzenpapier gelegt und mit einem harten Bleistift werden in der Schummertechnik mit leichtem Druck auf den Stift die körnigen Erhebungen herausgearbeitet.

Die Umrisslinien mussten stellenweise mehrmals stärker betont werden. Da beim Zeichnen mit weichen Stiften das Papier schnell verschmutzt, ist es notwendig, einen Knetgummi zur Überarbeitung und Korrektur bereitliegen zu haben. Die Zeichnung sollte zum Schluss mit Fixativspray fixiert werden.

# Stillleben

**Benötigtes Material:** festes Skizzenpapier, 23 x 32 cm, Bleistifte Härtegrad H und 2H.

Jede gelungene Zeichnung setzt Grundkenntnisse der Komposition voraus. Gerade bei Stillleben ist die Stellung der Bildobjekte auf dem Zeichengrund und zueinander entscheidend. Um eine gelungene Komposition erstellen zu können, empfiehlt es sich, zuvor einige kleinere Skizzen anzufertigen, sodass die Bildaufteilung festgelegt werden kann und mögliche Korrekturen vermieden werden können. Grundsätzlich empfiehlt sich für Stillleben ein klarer Aufbau mit wenigen Objekten in einer übersichtlichen Anordnung. Bei einer solchen Darstellung kommen die einzelnen Objekte besser als in einer überladenen Komposition zur Geltung.

### Erster Schritt
Die Abbildung zeigt eine klare Vorzeichnung in einfachen Umrisslinien. Die Form der Gefäße ist deutlich festgelegt, Vorder- und Hintergrund wurden bereits angedeutet. Auch die Form und der Verlauf der Schlagschatten sind bereits in der Zeichnung zu sehen.

## Zweiter Schritt

Im zweiten Schritt wird mit dem härteren Stift eine feine Kreuzschraffur zur Darstellung der Schatten und der Kontraste angelegt. Die Schraffur beginnt in der linken Hälfte des Hintergrundes mit einer Reihe feiner paralleler Linien. Über diese Lage wird eine zweite Reihe paralleler Linien gesetzt, jedoch in einer anderen Richtung. Je mehr Schraffuren Sie übereinander setzen, desto dunklere Flächen erzielen Sie.

Anschließend werden die Objektschatten ausgearbeitet, hierbei werden Lichtseiten und helle Reflexe weiß belassen.

Ebenso vorsichtig wird mit den Schlagschatten verfahren, die zunächst nur angedeutet werden. Ein nachträgliches Aufhellen ist gerade bei der Arbeit mit harten Stiften kaum möglich, folglich muss vor dem Zeichnen überlegt werden, an welchen Stellen Lichter sein sollen.

## Dritter Schritt

In dieser Abbildung sehen Sie die Endphase der Zeichnung. Die drei Gefäße haben ihre volle Schattierung erhalten, sie wirken jetzt recht gegenständlich und plastisch. Die linke und die rechte Seite des Hintergrundes wurden im Bereich um die Objekte herum wiederholt durchgezeichnet, sodass diese sich davon gut abheben. Die Schlagschatten erhalten ihre endgültige Form und Intensität durch klare Umrisslinien und eine vorsichtige Schraffierung. Zum Schluss wird die Zeichnung nur leicht fixiert, da Linien, die mit harten Bleistiften gezeichnet werden, kaum verwischen.

# Boote am Steg

**Benötigtes Material:** kleiner Skizzenblock, weißes und festes Zeichenpapier, ca. 30 x 39 cm, Bleistifte Härtegrad HB und 2B.

### Erster Schritt

Für die Zeichnung wurde zuerst eine Skizze angefertigt. Das Motiv, bei einem Spaziergang entdeckt, wurde mit wenigen schnellen Strichen und Linien auf einen kleinen Skizzenblock gezeichnet. Auf Details wurde hierbei verzichtet, nur die zwei Boote und eine improvisierte Anlegestelle sind in groben Linien erkennbar. Die ausführlichere Darstellung wurde zu Hause gezeichnet und Details aus der Erinnerung ergänzt.

## Zweiter Schritt

Als Vorlage für die Zeichnung dient die vor Ort angefertigte Skizze. Die Zeichnung selbst wird mit einem Bleistift HB auf weißes Zeichenpapier übertragen.

Zuerst werden nun die Umrisslinien skizziert, wobei die Form des Landungsstegs und der Boote im Vergleich zur Skizze exakter gezeichnet und durch Details ergänzt werden. Die Uferpartie erhält kräftige Linien, um den Verlauf des Schilfsaumes anzuzeigen. Ponton und Laufsteg erhalten erste Schattierungen durch schummerndes Zeichnen, die Spiegelungen im Wasser werden zuerst nur angedeutet.

## Dritter Schritt

Im letzten Schritt werden die Boote mit ihren Details und der Anleger fertig gezeichnet, indem die Schattierungen konsequent fortgeführt werden. Der Schilfbereich muss sehr vorsichtig behandelt werden. Im oberen Teil wird das Schilf mit Linien und Punkten angedeutet, wobei große Partien weiß belassen werden, um die Lichtstellen wiederzugeben. Deutlicher kann dagegen im unteren Bereich und an der Wasserlinie gezeichnet werden, wobei kräftige Linien die Struktur der hohen Gräser und zugleich die Schattierung wiedergeben.

Ebenso wurde mit dem Hintergrund verfahren. Die Spiegelungen von Booten, Anleger und Schilf sollten sehr vorsichtig und nicht zu dicht gezeichnet werden, sodass sich lichte und stark strukturierte Stellen ergänzen.

Bei einer abschließenden Übersicht werden noch einige Korrekturen ausgeführt, indem Linien stärker betont oder mit einem Knetgummi abgemildert und aufgehellt werden. Dies empfiehlt sich bei jeder Zeichnung auch während des Zeichnens. Erst dadurch ergibt sich ein harmonisches Gesamtbild.

# Dorf im Elsass

**Benötigtes Material:** Zeichenpapier in Weiß, fest, 27,5 x 36,5 cm, Polychromos Zeichenstift, Vandyckbraun, Knetgummi für Korrekturen, Fixativ.

## Erster Schritt

In einer Vorzeichnung müssen alle Details in klaren Umrisslinien genau erfasst werden, dabei spielt die Perspektive eine zentrale Rolle. Die richtige Anordnung der einzelnen Gebäude und Landschaftsteile ist entscheidend. Die Linien werden zunächst sehr verhalten gezeichnet. Der Zeichenstift ist ölhaltig und lässt sich bei stärkerem Auftrag kaum noch korrigieren. Sind die Linien sicher, kann kräftiger gezeichnet werden. So stehen die Gebäude bald deutlich im Bild, wenn auch nur in Umrissen und Fachwerkstruktur. Dieses Motiv enthält sowohl eine perspektivische Anordnung der einzelnen Teile als auch fließendes Wasser, Vegetation, Fern- und Nahbereiche, Himmel und Kontraste.

## Zweiter Schritt

Die Zeichnerei beginnt nun auf der linken Bildseite mit den Gebäuden. Dabei werden Flächen und Details zunächst nur mit einer mittleren Farbintensität ins Bild gesetzt. Das Fachwerk soll sich klar von den weißen Wandflächen absetzen und muss möglichst genau sein. Dächer und Schattenflächen kommen hinzu. Die Mauer der Uferbegrenzung und die davor liegenden Steine werden erst einmal großzügig behandelt und nicht genauer ausgeführt. Nach und nach entstehen auch die hinteren Gebäude. Die Berge des Hintergrundes und der Himmel bleiben angedeutet.

Schatten und müssen sich zugleich deutlich von der dunklen Mauer abheben. Dabei bleibt das Blattwerk nur angedeutet. Einzelne Blätter erscheinen also nicht.

Dafür kommt einiges Astwerk ins Bild, auch dies nur angedeutet und nicht gänzlich ausgezeichnet. Mit den hinteren Häusern und dem gesamten Hintergrund wird zeichnerisch ganz ähnlich verfahren. Hier wird der Stift nicht so kräftig gehandhabt, sodass die Intensität dieses Bereiches schwächer bleibt. Das Wasser muss recht vorsichtig bearbeitet werden. Hier soll Strömung sichtbar werden. Helle Schaumstreifen und dunklere Wasserflächen müssen also relativ locker aufgebracht werden. Im

## Dritter Schritt

Jetzt kann alles viel intensiver ins Bild kommen. So werden die Häuser auf der linken Seite fertig gezeichnet. Licht und Schatten bilden hier kräftige Kontraste. Zusammen mit der Fachwerkstruktur und Anordnung der einzelnen Gebäudeteile gerät dieser Bildteil schon recht plastisch. Die Mauer, Steine und Sträucher werden nun gezeichnet. Im Bereich der Sträucher muss subtiler vorgegangen werden. Sie zeigen Licht und

rechten Vordergrund kommt noch die Struktur von Gräsern hinzu. Kräftige und leichte Linien wechseln miteinander ab. Bleibt zuletzt noch der Himmel. Die gesamte Wolkenformation bleibt weiß. Lediglich die Stellen freien Himmels bekommen eine leichte Schraffur, die den ganzen Bereich gliedert. Die Zeichnung soll vor Verwischen geschützt werden und wird deshalb am Ende vorsichtig fixiert.

# Flusslandschaft

 **Benötigtes Material:** leicht getöntes, ockerfarbenes Papier mit einer rauen Oberfläche, ein Stück härtere Holzkohle.

Für dieses Bild diente eine Bleistiftskizze, die nach der Erinnerung gezeichnet wurde, als Vorlage. Die Landschaft, die nur wenige Elemente zeigt, wirkt durch das Zusammenspiel von Licht, Schatten und den Spiegelungen des Wassers.

## Erster Schritt

Zuerst wird die Vorzeichnung, die sich eng an der Bleistiftskizze orientiert, mit einfachen Umrisslinien auf das Zeichenpapier übertragen. Dieser erste Schritt kann bereits mit Kohle ausgeführt werden. Die beiden Kopfweiden, die Anlegestelle und die Uferlinien werden als wesentliche Bildelemente kräftiger gezeichnet, der Hintergrund und die Gräser bleiben nur angedeutet.

## Zweiter Schritt

Zur Darstellung der Lichtverhältnisse werden im zweiten Schritt die jeweils rechten Seiten der Bäume und Büsche des Hintergrundes und der großen Weiden schattiert, indem diese Stellen durch vorsichtiges Schummern und Verwischen der Farbpigmente dunkler angelegt werden. Ebenso werden die Uferseiten und Anlegestelle behandelt. Hierzu können Sie entweder einen Papierwischer, ein Papiertaschentuch oder die eigenen Finger verwenden.

Auf diese Weise entstehen erste Andeutungen von Spiegelungen und Schatten. Einzelne Gräser werden kräftiger gezeichnet.

### Dritter Schritt

Das Weiterzeichnen erfordert nun eine gewisse Vorsicht, da das ganze Blatt mit Linien und Flächen bedeckt ist, die leicht verwischen können. Dies können Sie vermeiden, indem Sie die Hand, mit der Sie zeichnen, auf einem Blatt Papier abstützen. Insgesamt werden die Schatten weiter vertieft und differenziert.

Besondere Aufmerksamkeit gilt den Uferlinien und der Gestaltung der Wasserfläche. Anlegestelle und Spiegelungen werden immer wieder nachgezeichnet, bis sie stimmig erscheinen.

Die Schilfflächen werden schattiert und erhalten durch kräftigere einzelne Linien mehr Struktur. In diesem Zustand zeigt das Bild schon eine große Tiefe, Licht und Schatten erscheinen bereits als starke Kontraste.

## Vierter Schritt

Im letzten Schritt werden die Laubkronen der beiden Kopfweiden ausgearbeitet. Der Eindruck von Blattwerk und zugleich dichter Belaubung wird durch eine Vielzahl einzelner und zusammenhängender, unterschiedlich gekrümmter, kurzer Linien erreicht. Durch Verdichtungen an verschiedenen Stellen und leichtem und stärkerem Aufdrücken des Kohlestifts entstehen „Laubwolken". Im unteren Teil sind sie sehr dicht nebeneinander gezeichnet, im oberen Teil werden sie großzügig verteilt. Auch in diesem Bereich sollte eine Licht- und Schattenwirkung entstehen, dazwischen wird mit unterbrochenen, kräftigen Linien das Geäst gezeichnet. Mit harten Strukturlinien werden zuletzt die Stämme modelliert und so der Eindruck von Rinde erreicht. Schilfe und das Ufer im Vordergrund werden nun vorsichtig ausgearbeitet. Wenn zu viele Linien gezeichnet werden, kann diese Partie leicht als eine leblose, undifferenzierte Masse erscheinen. Einzelne Schilfblätter werden nur im Vordergrund angedeutet. Die linke Uferpartie und der Anleger werden zuletzt noch einmal durchgearbeitet und das rechte Ufer kann ausgearbeitet werden. Den letzten Schliff erhält die Zeichnung durch leichte Korrekturen mit einem Knetgummi. Zu harte und zu dichte Stellen werden so aufgehellt. Zur Aufbewahrung sollte die Zeichnung schließlich ausreichend fixiert werden.

# Steintreppe

**Benötigtes Material:** einfaches Zeichenpapier, ca. 30 x 38 cm, Bleistift Härtegrad HB, schwarze Kreide.

Die ersten Arbeiten mit Schwarzkreiden sollten möglichst einfach sein. Kleinere Skizzen eignen sich dafür besonders gut. Vorlage für das Motiv der Steintreppe war ein Foto aus einem alten walisischen Bergarbeiterdorf.

Die Wirkung dieser Zeichnung beruht auf der Darstellung der zerfallenen Mauern, der herumliegenden Steine und der verwitternden Treppenstufen, die ins Nichts zu führen scheinen.

### Erster Schritt

Als Vorzeichnung genügten einige flüchtige Bleistiftlinien, ohne den Ausdruck und die Detailgenauigkeit des Fotos zu übernehmen. Die Bleistiftlinien werden anschließend mit der Kreide nachgezogen, an manchen Stellen variiert und stärker angesetzt. Eine interessante Wirkung ergibt sich durch die scharfen Kontraste aus Licht und Schatten, der Lichteinfall von der linken zur rechten Bildseite hin bewirkt, dass die rechte Wand völlig unbearbeitet bleibt und die linke Wand tief verschattet gezeichnet wird. Auch die herabgestürzten Steine werden weniger stark durchgezeichnet.

kanten der Steine erhalten schärfere Schatten, sodass die einzelnen Steine sich besser voneinander absetzen. Bei den Stufen sollten die Oberseiten möglichst hell belassen werden, die Seitenteile und unterliegenden Steine und Platten wurden unterschiedlich dunkel gezeichnet. Bei den Wänden der rechten Bildhälfte wird die Andeutung von

## Zweiter Schritt

Im zweiten Schritt wird der obere Teil der Treppe stärker durchgezeichnet. Die Schatten der Wände werden zunehmend dunkler gezeichnet, wobei einige Steine, die aus der geborstenen Mauer hervorstehen, auf der Oberseite mit dem Knetgummi wieder aufgehellt werden. Einfacher ist es, die anfänglichen Schattierungen vorsichtiger zu setzen und den Lichteinfall beim Zeichnen schon miteinzuplanen. Die Unter-

Natursteinmauer mit Hilfe von wenigen Linien erreicht, hierbei ist es wichtig, dass große freie Flächen bestehen, um die sonnenbeschienene Mauer darzustellen. Die Dicke des Mauerwerks wird durch die obere Schattierung sichtbar. Nachdem Steine, Stufen und Wände gezeichnet sind, wird ein dunkel schattierter Himmel als Kontrast zu den hellen Steinen angelegt. Zum Schluss wird die Zeichnung ausreichend fixiert.

55

# Dorfansicht

**Benötigtes Material:** leicht getöntes cremefarbenes Zeichenpapier, Bleistift Härtegrad HB, Rötelstift mit einer gehärteten (fetten) Mine.

Rötelzeichnungen vermitteln einen warmen und eher malerischen Eindruck, obwohl der Rötelstift ein ausgesprochenes Zeichenmaterial ist. Der Reiz einer Rötelzeichnung wird folglich auch durch die monochrome Farbgebung bestimmt.

## Erster Schritt

Vorlage für das Motiv, der Blick über die Dächer eines Dorfes, war eine Fotografie. Der warme, rötliche Ton der Dachziegel als Charakteristikum dieses südländischen Dorfes sollte durch die warme Farbe des Rötelstiftes wieder aufgenommen werden.

Ein fetter Stift eignet sich gleichermaßen für genaue Linien als auch für die Schummertechnik. Die Vorzeichnung wird in leichten Linien mit einem Bleistift aufgebracht, da sich Bleistift leichter radieren lässt.

Anschließend werden die Bleistiftlinien mit dem Rötelstift nachgezeichnet. Die Vorzeichnung sollte die wichtigsten Elemente des Fotos wiedergeben, jedoch auf unwesentliche Details verzichten. Wo es nötig erscheint, können nun die Bleistiftlinien leicht wegradiert werden. Im Vordergrund werden anschließend die Linien nach und nach mit Rötel verstärkt, wobei schon die Form der Ziegel deutlich wird und Licht und Schatten angedeutet werden.

Der Zeichenvorgang selbst sollte, wenn man Rechtshänder ist, von links nach rechts verlaufen, da man ansonsten mit der rechten Hand die Zeichnung leicht verwischen kann. Die Richtung des Lichteinfalls sollte von Anfang an bedacht werden, um die Schatten richtig anordnen zu können.

## Zweiter Schritt

Im zweiten Schritt werden die Ziegel ausgearbeitet, indem jeder einzelne Ziegel mit Umriss, Licht und Schatten modelliert wird. Achten Sie darauf, dass die Ziegel nicht zu gleichmäßig aneinander gereiht werden, das Alter der Dächer und eine gewisse bauliche Unvollkommenheit und Improvisation sollten erkennbar sein. Folglich sollten auch die Intensität der Schatten und die Form der Ziegel unterschiedlich sein. Wichtig ist bei dieser Zeichnung nicht der akkurate und technische Strich, sondern Stimmung und Atmosphäre, die in der Zeichnung vermittelt werden sollen.

Innerhalb der knappen Vorzeichnung blieb genügend freie Auslegung. Die Stimmung, nicht das Abzeichnen war entscheidend.

## Dritter Schritt

Im letzten Schritt der Zeichnung werden das Mittelteil des Bildes vollendet und Vorder- sowie Hintergrund ausgearbeitet. Die Dachziegel mitsamt den baufälligen Dachrinnen waren nun komplett. Die Häuserwände blieben weitgehend frei. Einige Stellen wurden leicht geschummert, um schadhaften Putz wiederzugeben. Die Schatten im Bereich der Dachrinnen und der darunter liegenden Hauswand werden kräftig geschummert und mit harten Linien scharf artikuliert. Die Fensterkreuze und Umrandungen bleiben hell, die einzelnen Scheiben erhalten eine Schattierung, die sich nach oben hin dunkel und scharf absetzt. Der untere Teil wird hell belassen oder durch leichtes Tupfen mit einem Knetgummi aufgehellt.

Im Hintergrund wird nun die Baumpartie im mittleren Bereich ergänzt. Um Licht- und Schattenwirkung zu erzielen, müssen größere Bereiche weiß belassen werden, die jeweils linken Partien erhalten durch wiederholtes Schummern eine nach und nach tiefer werdende Schattierung, die sich deutlich von den hellen Dächern absetzt. Das Dach des hinteren Gebäudes wird mit wenigen schnellen Linien gezeichnet, sodass es hell und sonnenbeschienen wirkt.

Für die Darstellung des Himmels werden nur die wolkenlosen Teile gezeichnet, indem der Hintergrund mit einer leichten Schummerung, die zum oberen Rand des Bildes hin dunkler wird, gezeichnet wird, wobei einige Stellen als Wolken freigelassen werden. Im rechten unteren Teil des Bildes sind die Dachziegel größer und in einer sehr verkürzten Form gezeichnet. Verlauf und Intensität der Schattierungen sind hier wichtig.

Der Eindruck einer kleinen, engen Gasse zwischen den eng stehenden Gebäuden entsteht durch sehr dunkel gezeichnete Partien. Zum Schluss erhält die Zeichnung noch eine Art „Feinabstimmung", um die Lichtverhältnisse stimmig zu machen. Mit einem Knetgummi wird die Farbe an Stellen, die zu kräftig geraten sind, leicht abgetupft. So können einige Partien aufgehellt werden, andere werden mit kräftigen Linien etwas verstärkt.

Auch bei einer Rötelzeichnung sollten Sie ein leeres Blatt Papier als Auflage für die zeichnende Hand verwenden, um Verwischungen, die oft schlecht zu korrigieren sind, zu vermeiden. Wie alle Arbeiten, die mit abreibenden Materialien gezeichnet werden, muss die Zeichnung zum Schluss leicht fixiert werden.

# Kleines Fachwerkhaus

 **Benötigtes Material:** ein einfaches, saugfähiges Skizzenpapier, ca. 35 x 43 cm, Bleistift Härtegrad HB, Aquarellpinsel Größe 5, schwarze Tusche.

Für dieses Motiv diente als Vorlage eine Bleistiftskizze, die vor Ort mit Blick aus einem Fenster gemacht wurde.

## Erster Schritt

Im ersten Schritt wird die Skizze mit Bleistift auf das Zeichenpapier übertragen. Anschließend werden mit dem Pinsel etwas Tusche aufgenommen und die ersten Äste und Zweige des Hintergrundes gezeichnet. Dabei werden die Bleistiftlinien möglichst genau nachgezogen.

Der Zeichenvorgang sollte bei Tuschezeichnungen immer von links nach rechts und von hinten nach vorne verlaufen, um Verwischungen zu vermeiden. Der größere Baum und die nächststehenden kleineren Bäume werden als nächstes gezeichnet, anschließend das Fachwerk des Hauses im Vordergrund. Die Dachziegel, die mit Bleistift kurz angedeutet waren, blieben erst einmal frei. Die Abbildung zeigt zwei Stadien in der Entstehung; rechts im Hintergrund sind noch die Linien der Bleistiftvorzeichnung zu erkennen, während das Übrige schon in kräftigem Schwarz Gestalt bekommen hat. Dieses Stadium ist besonders interessant. Zeichnet man jetzt den Hintergrund mit Bäumen und Buschwerk und lässt alles Übrige unbearbeitet, erhält man ein Winterbild mit Schnee auf Dach und Erde.

Diese Zeichnung zeigt, wie sehr die Wirkung einer Arbeit mit Pinsel und Tusche auf dem Zusammenspiel von freier und gezeichneter Fläche beruht. Gerade die freien Stellen wirken bei einer solchen Zeichnung, sodass hier die hohe „Kunst der Auslassung" an Bedeutung gewinnt.

In ihrer Eindeutigkeit und Schärfe erinnert manche Pinselzeichnung an Holzschnitte, dabei handelt es sich genau genommen bereits um einen Übergang zu einem Teilbereich der Malerei, dem kontrastreich monochromen Bereich.

## Zweiter Schritt

Im zweiten Schritt werden die Dachziegel mit wenigen, sparsamen Linien angedeutet, ähnlich wird mit dem Boden verfahren. Auch hier genügten andeutende Linien, um den Eindruck von Natursteinen zu erreichen.

Pinsel und Tusche erlauben ein rasches und expressives Arbeiten, ebenso wie ein präzises und detailbetontes Zeichnen. Bei Motiven mit vielen Details sind allerdings eine gute Vorzeichnung und ausreichende Vorarbeit unverzichtbar.

# Bauernhaus

 **Benötigtes Material:** weißes Zeichenpapier mit einer festen Oberfläche, ca. 30 x 38 cm, Bleistift Härtegrad HB, eine dünne Stahlfeder, schwarze Tusche.

Das Arbeiten mit Feder und Tusche unterscheidet sich völlig von der Pinselzeichnung. Hier formt die Feder harte und präzise Linien in einer stets gleich bleibenden Stärke. Dies gilt besonders für Stahlfedern, mit denen sich präzise Linien und feine Schraffuren zur Darstellung von Licht und Schatten zeichnen lassen.

## Erster Schritt

Für dieses Motiv entstand eine Bleistiftskizze vor Ort, die für die Federzeichnung als Vorlage genommen wurde. Die Skizze wird möglichst genau mit Bleistift auf das Zeichenpapier übertragen, wobei auch Details miteingezeichnet werden.

Anschließend werden die Bleistiftlinien sorgfältig mit der Tuschefeder nachgezogen. Die Abbildung zeigt ein Stadium, in dem dieser Vorgang noch nicht beendet ist, lediglich die Scheune und einige Arbeitsgeräte davor erscheinen in Tuschelinien.

## Zweiter Schritt

Im zweiten Schritt wird die Vorzeichnung in Tusche abgeschlossen und die weitere Ausarbeitung vorgenommen. Zunächst werden die Licht- und Schattenseiten der Scheune dargestellt. Dort, wo das Licht auf das Haus fällt, wird die Mauer weiß belassen, die schattige Seite wird mit einer scharfen Schraffur gezeichnet.

Hierzu werden einige Lagen von ungefähr parallelen Strichen kreuzweise übereinander angelegt. Je dunkler die Fläche ausfallen soll, desto mehr Linien werden benötigt. Die Bäume werden mit kleinen, gekrümmten Linien und etwas Schraffur ge-

zeichnet, wobei große Flächen zur Darstellung des Lichtes unbearbeitet bleiben.
Die Andeutung von Gräsern wird mit wenigen Linien erreicht.

## Dritter Schritt

Im dritten Schritt werden die Bäume fertig gezeichnet, indem zwischen dem Laubwerk mit einigen kräftigen Linien Geäst angedeutet wurde. Anschließend werden das herumstehende Gerät, der kleine Schuppen und der Anschnitt des Gebäudes auf der rechten Bildseite gezeichnet. Die große Grasfläche darf keinesfalls eintönig erscheinen, sie ist der zeichnerisch interessanteste Teil des gesamten Bildes.

Es sollten Flächen auftauchen, die relativ unbearbeitet belassen werden, andere Flächen werden relativ dicht gezeichnet, wobei kurze und längere Linien einzelne Grashalme und Gras-büschel andeuten. Ein sehr dichter Verlauf von hinten links bis nach vorne rechts in den Vordergrund hinein könnte eine Vertiefung, vielleicht auch einen kleinen, überwucherten Graben bedeuten.

Nun werden mit wenigen Linien Büsche, Bäume und Gebäude im Hintergrund gezeichnet und der Himmel angelegt, wobei die großen Wolkengebilde weiß belassen werden.

Zuletzt können noch einige Verbesserungen ausgeführt werden, jedoch kann nur ergänzt, nicht weggenommen werden. Eine Schlussfixierung des Bildes entfällt.